교회는 죽었다

교회는 죽었다

초판 1쇄 발행 2024년 1월 5일
지은이 하인츠페터 헴펠만
옮긴이 이범성
펴낸이 민상기
편집장 이숙희
펴낸곳 도서출판 드림북
인쇄소 예림인쇄 **제책** 예림바운딩
총판 하늘유통

·**등록번호** 제 65 호 **등록일자** 2002. 11. 25.
·경기도 양주시 광적면 부흥로 847 경기벤처센터 220호
·Tel (031)829-7722, Fax(031)829-7723

·잘못된 책은 교환해 드립니다.
·이 출판물은 저작권법에 의해 보호를 받는 저작물이므로 무단 복제할 수 없습니다.
·독자의 의견을 기다립니다.
·드림북은 항상 하나님께 드리는 책, 꿈을 주는 책을 만들어 갑니다

교회는
죽었다

하인츠페터 헴펠만 지음 | 이범성 옮김

우리는 어떤 미래를 설계할 것인가

교회여 영원하라

교회는 어떻게 새로운 미래를 열 것인가

드림북

머리말

그동안 거의 모든 사람이 교회와 기독교가 심각한 위기에 처해 있음을 알게 되었습니다. 우리 사회에서 교회와 기독교는 그동안 대체로 당연하게 여겼던 것을 잃게 되었습니다. 이제 누구도 교회를 떠난 것에 대해서 해명해야 할 필요가 없어졌습니다. 오히려 왜 자신이 여전히 교회의 편에 서 있는지에 대해 그 정당성을 밝혀야 하는 환경에 처해 있는 자기 자신을 더 자주 보게 됩니다.

첫 번째 장에서 나는 그 이유를 일반적인 방법에서 살펴보려고 합니다. 목표는 세부 사항을 그리는 것이 아니라, 모든 가능한 분야에서 40년 이상 교회 활동을 경험하는 동안 들었던 저의 생각을 총동원해서, 전체적인 관점을 제공하려는 것입니다.

두 번째 장에서 저는 이 매우 비판적인 분석을, 공개적이고 정직하게 검토하고 - 하나님의 이름으로 - 새로운 시작을 감행하 감행하면서 그 결과를, 이렇게 약해진 교회가 소유한 자원과 대조하고 싶습니다. 신학적으로 이론적인 것에 머물지 않도록, 나는 이 학문적 토론 결과를 무엇보다도 실질적인 상담 작업에 자극을 주는 것에 사용하려 합니다. 소원하는 어떤 특정한 것을, 주어진 목록에서 가져오는 방법이 아니라, 과도기에 있는 교회를 위한 방법들을 제시할 수 있는 자극들을 말입니다.

세 번째 장에서는 개신교와 천주교의 주요 문제에 초점을 맞추고 있습니다. 이 두 개의 큰 교회는 의사소통 능력을 상실했으며, 더는 우리 사회의 대다수 사람과 접속할 능력을 갖추고 있지 않습니다. 새로운 삶의 세계를 지향하는 일은 단순한 사기 진작이나 방법의 문제가 아닙니다. 그것은 우리와 같이 되어 소통하시는 성육신하신 하나님의 길을 따르는 것이어야 합니다.

그렇다면 그 실질적인 결과는 무엇이겠습니까?

　네 번째 장에서 나는 다시 한 번 분명히 하고 싶습니다. 문제
는 교회에 미래가 있느냐가 아니라 어떤 미래가 있느냐는 물음
입니다. 콘스탄티누스 시대가 끝난 후에라도 삼위일체 하나님
의 교통으로 그 방향을 바꾸는 교회는 새로운 미래를 얻습니다.
서두에 저는, 제 친구이자 편집자인 우베 베르텔만(Uwe Bertelmann)
에게 감사의 말을 전합니다. 이 작은 책이 설득력 있고 매력적
인 모양을 가지고 있다면 이는 그 내용에 이르기까지 모두 그의
협력 덕분입니다. 그것은 풍성한 동반의 여정에서 얻은 또 하나
의 결실이라고 하겠습니다.

하이델베르크 대학광장에 자리한 서점 레만스(Lehmanns) 쇼윈
도우 중앙에 진열된 이 책 "교회는 죽었다/ 교회여 영원하라!"
표지가 눈길을 사로잡았다. 지난 십수 년간 회자하여온 예견된
일이 마침 이 책의 출판과 함께 톱뉴스가 되었다. 기독교인 수
가 전 국민의 절반 이하로 곤두박질쳤다는 것이다. 그리고 이
하강 곡선은 더 급속하게 기울게 될 것이라는 전망이 지배적이
다. 하인츠페터 헴펠만은 역부족이지만 교회 약화 과정에서의
되돌리기를 이미 나름의 글 작업을 통해서 시작해왔었다. 교회
는 죽지만 다시 살 방법을 자기 안에 가지고 있다고 그는 믿는
다. 기득권의 자리에서 벗어나 환경에 민감한 약자의 교회가 되
어야 산다는 것이다. 소통이 되지 않고 폐쇄적인 교회, 무겁고
둔감한 교회가 콘스탄티누스가 입혀놓은 사울의 갑옷을 벗고
가벼운 몸으로 전장에 나간 다윗의 복장을 취해야 한다. 그렇게
교회는 자신만의 '고유한 판매 포인트(USP)'를 찾을 수 있다. 하
나님은 약한 자들을 의지하신다. 교회는 그 약함 때문에 미래가
있다. 기득권의 포기를 선언하고 의식적으로 소수의 교회가 되

려고 해야 한다. 지금의 명예 실추가 오히려 기회가 될 것이다. 이 '파편화'된 사회에서 약속 아래에 있으면서 환경에 민감한 교회, 사람과 가까이 있는 교회가 앞으로 교회의 모습이고 그 특징이 되어야 할 것이다.

이범성 (실천신학대학원대학교 선교와 디아코니아)

목차

도발적 발언들 -
교회에 미래가 없는 이유

제1장

도발적 발언들 - 교회에 미래가 없는 이유

개인적인 서론

이 텍스트는 저널, "신학적 공헌들(Theological Contributions)"에 게재되기 전부터 논란을 불러일으켰습니다. 나는 약간 수정하여 재발행된 책의 독자들(무엇보다 열두 번째 도발에 의해서 확대된)이 감사한 승인뿐만이 아니라, 활기차고 때로는 격분이 동반된 반대를 만날 것이라고 생각합니다. 가능한 주요 공격 포인트는 필요하면서 피상적이고 광범위한 표현이지, 결코 폭력적이고 불공평하며 부당하다고 느껴지는 1000가지 다양한 차별화를 시도하려는 표현이 아닙니다.

나는 이런 가능한 반대를 의식적으로 예상하고 어느 정도 나 자신을 무장 해제합니다. 대립하는 영향에도 불구하고, 그것 때문에라도 이 글들을 출판하기로 했습니다. 여기에는 두 가지 주요 이유가 있습니다. 교회에 대한 담론에서도 마찬가지로, 현대 담론은 차별화하려는 노력이 그 특징입니다. 이 차별화가 제자리에 있는 만큼, 담론은 - 또한 교회에 대한, 그리고 교회 안의 담론은 - 궁극적으로 교회를 마비시키는 영향을 전개할 수 있는 것입니다.

간단히 말해서, 당신은 나무, 가지, 나뭇잎만 보고 더 이상 숲을 볼 수 없습니다. 기술적으로나 행정적으로 말하자면, 사람들은 여전히 지급할 수 있는 부동산을 교회 공동체들에 공정하게 분배하고 적절하게 환산하느라고, 교회 폐쇄가 사회에 "의미"하는 바를 깨닫지 못합니다. 점점 줄어드는 교인 수에 대해 여전히 채울 수 있고 지급될 수 있는 목사 자리를 계산하고, 더 촘촘하게 교구 그물망을 새로 짜려는 시도가 있지만, 많은 곳이 이미 찢어졌거나 찢어지고 있다는 사실을 알아채지 못하고 있다는 말입니다.

여기에는 궁극적으로 행동을 안내하고 목표를 설정해야 하는 전체적인 그림이 누락되었습니다. 분석적-비판적 담론만 남아 있다면, 이는 순전히 기술-관리적 조치로만 귀결되지 않을 것이며, 필요한 변화를 가져올 조치가 없을 것입니다. 목사직[의 신설 및 배치]을 계획(Pfarr-Plan)하는 것은 차편을 계획(Fahr-Plan)하는 정도의 일이 아닙니다. 재설계에는 - 장식되지 않은 - 전체 그림을 위험에 빠뜨릴 수도 있는 용기가 전제됩니다. 이 교회에 미래가 없는 12가지 이유 각각에 대해 나는 몇 번이고 스스로 페이지별로 차별화하기도 하고 침묵할 수도 있었을 것입니다. 하지만 더 이상 나무, 잎사귀, 가지만 보여주고 싶지 않고 숲 자체를 보이게 하고 싶습니다. 그렇게 함으로써 나는 헌신적인 내부자의 관점에서 글을 쓸 뿐만 아니라, 내가 수년 동안 전임 교회 관리 및 기능적 현장 밖에서 만난 평가, 문의 및 비판을 포함할 것입니다.

그 만들어진 결과는 무거운(Wucht) 텍스트이지만 분노(Wut) 텍스트는 아닙니다. 어조에 있어서 분명하고, 변명이나 꾸밈이 없이, 분명히 수정과 보완이 필요하지만, 적어도 개신교회가 이 사회에서 점점 더 무게를 잃고 있는 여러 가지 이유를 밝히려는 이 시도는 결코 이미 알려진 종교-사회학적, 사회-문화적 형식적 조건들로 귀결되지 않을 것입니다.

내 확신은 이렇습니다. 이대로 갈 수는 없다는 것입니다. 그리고 내가 볼 때 그대로 있을 수도 없습니다. 두 번째 단계로 신중하게 말씀드리겠습니다. 이는 어떤 표준화할 수 있는 조건들 아래에서 개신교 교회가 또한 미래를 갖게 되느냐는 문제입니다(제2장, 자료들). 그러나 이러한 제안과 이에 뒤따를 가능성이 있는 논의는 현재 분석에서 벗어나서는 안 될 것입니다.

1. 교회는 점점 더 많은 교인을 잃고 있으므로 미래가 없습니다

숫자상으로 큰 교회들은 대량으로 가속하며 교인들을 잃고 있다는 것을 잘 알고 있습니다. 교회를 떠나는 사람들의 수는 산술급수적으로 뿐만 아니라 기하급수적으로 증가하고 있습니다. 얼마 전까지만 해도 독일에서는 인구의 최대 90%가 두 개의 큰 교회 중 하나에 속해 있었지만 1990년 이후로 개신교에서만 1,000만 명이 교회를 적극적으로 탈퇴했습니다. 여기서 우리는 인구가 줄어드는 것에 관한 통계에 따른 교인 감소를 아직 말하지 않았습니다. 무게감 있는 인물로서 독일개신교연합(EKD)의 이전 부회장 중 한 명인 티스 군드라흐(Thies Gundlach)는 국민의 교회로서의 교회의 특성에 대해 다음과 같이 언급합니다.

"지속적인 양(숫자)의 감소는 질에 있어서 새로운 급변화를 의미합니까? 이러한 특성은 교회가 전국을 커버한다는 생각에 대해 무엇을 의미하게 됩니까? 대교회는 남아 있지만 더 이상 다수로서의 교회를 경험하지 못한다면 국민교회의 이야기는 어떻게 바뀔까요?" 교인과 교회세 수입의 장기적 발전 예측에 있어서, 한 프라이부르크 연구는 교인의 수가 앞으로 2060년까지 현재의 절반으로 줄어들 것을 예고하고 있습니다. 우리는 그러한 예측이 얼마나 심각한지를 과학적 이론적인 관점에서 논의할 수 있습니다. 그리고 그 과정이 훨씬 더 가속화되리라는 것은 충분히 상상할 수 있는 일입니다.

우선, 한 가지 확실한 것은 사람들이 국민교회로부터 도망치고 있다는 것입니다. 교회의 주요 행사인 주일예배는 계수 요일을 사용해서 계산하면 교인의 3~4%만 참석합니다. 코로나 이전 수치입니다. 그 중에서 전염병이 남긴 부분이 또 얼마나 되는지는 그 다음으로 또 보아야 할 일입니다. 저를 항상 새롭게 놀라게 하는 것은 사람들이 얼마나 이런 행사[주일 예배] 형태에 집착하는지에 대한 것인데, 이 행사가 교회 됨을 사실상 독점하는 형태입니다. 더 이상 양적으로 중요하지 않은 이 소외된 행사에 사용되는 막대한 인적, 재정적 자원에 놀라움을 금치 못합니다. 이러한 예배 형태의 중요성을 생각할 때 계속해서 감소하는 숫자가 걱정거리가 되지 않고 있다는 사실에 저는 놀라게 됩니다. 이러한 사실에 대해 사람들은 꽤 많이 익숙해진 것 같습니다.

우리는 교회 인구의 대다수 가운데 더 넓게 진행되어온 정신적 소외를 봅니다. 이것은 저를 두 번째 요점으로 인도합니다.

2. 교회는 소통할 수 있는 능력을 잃어버렸기 때문에 미래가 없습니다

우리의 현재 환경인 파편화된 사회에서 교회는 아직 다만 세 가지 생활 세계에 다다르고 있습니다. SINUS-환경[사회 환경을 분석하는 연구로서 동일 지역이나 여러 지역에서 다양한 동질 집단을 구분해 냄으로써 유의미한 사회분석자료를 다양한 용도에 맞추어 제공하고 있다. 하이델베르크 SINUS연구소는 이미 40년 동안 이 연구를 통해 사회를 구성하는 동질 집단 자료를 분석해 왔다. 역자 주]에서 볼 때, 이것은 무엇보다도 향수를 불러일으키는 부르주아 환경이며, 물론 전통 지향적이고 부분적으로는 후기 물질주의적, 사회생태학적으로 움직이고 있습니다. 무엇보다 처음 두 환경, 즉 물질주의적이고 사회생태학적인 환경은 교회에서 그들의 고향을 찾고 그곳에서 편안함을 느끼게 합니다. 이 환경들은 교회 생활을 지배하고 교회 생활을 각인합니다. 그 결과는 잘 알려졌지만 거의 주목받지 못하는 형편입니다. 그러니까, 누군가는 교회 공동체들이나 교회의 날[격년으로 거행되는 독일 전체 개신교 대회]을 지배하는 교회 환경에 편안함을 느끼지만, 더 많은 다른 누군가는, 이건 우리 세계가 아니라고 느낀다는 것입니다.

볼프강 후버(Wolfgang Huber)는 교회의 환경적 포로 됨에 대해 다음과 같이 말합니다. "접촉에 대한 우리의 두려움은 의사 결정의 중심에 있는 사람들이나 책임이 큰 직업에서 일하는 사람들과 마찬가지로 변두리로 밀려난 사람들을 대상으로 삼습니다. 접촉에 대한 우리의 두려움은 경제적으로 성공한 많은 사람뿐만 아니라 문화적으로 창의적인 많은 사람으로부터 우리를 떨어뜨려 놓습니다. 이러한 사회적 협소화로 영적 환경의 협소화도 함께 진행이 됩니다. 우리는 사람들의 입을 주시하려고 하지만, 정작 그들이 말하는 것을 듣지 않습니다. 그리고 이것은 영적 걱정거리를 만들어 냅니다. 우리는 많은 사람이 무엇을 걱정하는지 알지 못하고 또한 그들의 기쁨도 알지 못합니다. 우리는 그들이 내면에 가지고 있는 회의감에 대해 알지 못하고, 그들 나름의 확고한 믿음 또한 우리에게 낯설기만 합니다. 우리는 엘리트의 헌신에 감사하지 않으며 사회 변두리로 밀려난 사람들을 향해서도 말이 없습니다. 환경의 경계를 넘는 임무가 자유의 교회에 맡겨졌습니다. 환경의 포로 됨에서 해방되는 것이야말로 우리 교회의 개혁을 위한 중심입니다."

어떤 누군가가 포함되면 다른 누군가는 배제된다는 것을 우리는 알고 있습니다. 교회는 자신의 주장과 자의식과는 달리, "모든 사람을 위해 거기에" 있는 것이 아니라는 말입니다.

교회는 사람들이 결코 속하기를 원하지 않는 그 어떤 환경과 동일시되고 있습니다. 교회와 예배는 보수적 상류층에게는 너무 단순하고, 후기 물질주의자들에게는 너무 무비판적이고 무성찰적이며, 공연자들에게는 너무 부동적이고, 전문가들에게는 너무 지루하며, 소비 쾌락주의자들에게는 규칙만 있는 장소이며 재미가 없는 곳 등등입니다.

거기에 더해서 소통의 장벽도 있습니다. 사람들은 다양한 대중매체 속에서, 매우 다른 장소에서 각자가 속한 환경적 소속감에 따라 움직이고, 서로 매우 다른 시간 개념을 따르며, 매우 다른 언어 세계에서 살고, 노골적으로 상호 모순되는 미학에 적응합니다.

그들에게 다가가고 싶다면 그들에게 적응해야 합니다. 오늘날의 커뮤니케이션 계획도 이렇게 합니다. 그런데 교회에서는 그럴 필요가 없다는 것이 문제입니다. 교회에는 여전히 "오는-구조"가 지배하고 있기 때문입니다. 교육관과 목사관과 같은 교회 건물과 교회에 속한 부동산[부속건물]이 거기에 있으니까요. 물론 이것들은 사용되어야겠지요.

이 점은 수취인 지향적이고 목표 지향적 행사들에 관한 질문에 대해서 "우리는 매주 일요일 모든 사람을 위해 교회 예배를 드리고 있다"고 대답하는 목사의 맹세에서처럼 항상 노골적으로 표현되지는 않습니다.

지난 반세기 동안 교회를 개척하거나 교회개발프로그램에서 "오는-구조"는 물어볼 필요가 없는 전제 조건입니다. 이것은 매우 매력적인 프로그램에도 그대로 적용됩니다. 사람들은 교회에, 예배에, 교회가 소유한 부동산에 와야 합니다. 그 외에 일어나는 다른 모든 것은 교회 행사가 아닌 것처럼, 밖에서 모이는 예배도 진짜 예배가 아닌 것으로 여겨집니다. 이것이 다음 세대, 아마도 현재 중간 세대의 상당 부분을 잃게 만드는 방식일 것입니다. 젊은이들은 교회와 교회 부속건물에 가지 않습니다. 꼭 해야 하는 의무사항이 아니라면 말입니다. 준비를 위해 참여해야만 하는 '입교를 위한 학습문답' 기간이 지난 이후에라면, 그들은 더 이상 그럴 필요가 없습니다. 이 '오는-구조'는, 돌로 지은 교회가 자신으로부터 좀처럼 떼어놓을 수 없는 부동산을 운영하느라 사용하는 막대한 재정 지출에서도 나타납니다. 그 부동산들은 과거 교회의 규모를 나타내기 때문이지요. "오는-구조"는 또한 소위 특수 목사직을 줄이려는 의지(또한 경건파들에게서도 나타나는)와 이에 반해서, 지역교회 목사 수를 유지하는 데 중점을 두는 총회의 태도에서도 감지할 수 있습니다. 이런 태도는 특수목회직은 "지역교회 공동체"를 목회하는 것이 아니기 때문에 본래 필요하지 않다는 생각에서 비롯됩니다. 그러나 바로 이러한 기능적인 목회사역[특수 목회] 때문에 교회가 여전히 사람들의 다양한 삶의 세계로 뻗치고 있다는 점을 것을 간과하고 있는 것입니다.

소위 이런 핵심 역량에의 집중은 사실상 핵심 환경을 독점하는 것이며 그것을 가능한 한 오랫동안 유지하기를 원하는 태도입니다. 신학적으로 이것은 교회가 성도들의 공동체 안에서 함께 사는 방식을 전혀 비복음적 방식으로 세운다는 것을 의미합니다. 이것은 그리스도인이 되고 교회 안에서 살기를 원한다면

우리의 하위문화적 특성을 받아들이고 공유해야 한다는 태도
지요.

　사회문화적 용어로, 그것은 (a) 프랑스 사회학자 미셸 푸코
가 발전시킨 '장소와 비 장소 이론'에 관한 것으로, 사람들은 본
능적으로 특정 장소를 선호하고 본능적으로 다른 장소를 피한
다는 것입니다. 그것은 (b) 음악, 언어적 의사소통의 형태, 자신
의 생활 환경의 양식화를 포함한 일상생활을 미학적으로 만드
는 문제로 계속됩니다. 프랑스 사회학자 피에르 부르디외(Pierre
Bourdieu)가 미세한 차이(The Fine Differences)에 대한 그의 획기적인
작업에서 밝혀낸 것처럼, 내가 동시에 환경 또는 하위 환경과
연관시키는 이 개별적인 미학화는 사람들의 자기 이해에 핵심
적인 중요성을 갖습니다. 종교가 개인적 선택의 대상이 되는 시
대에 나는 단순히 장소나 심미화를 지시할 수 없겠습니다. 다음
은 (c) 자원의 분배와 자원의 형평성 문제로 넘어갑니다. 교회의
재정 자원 대부분이 교회공동체 생활(교회목회적 등을 포함해서)을 유지
하는 데 흘러간다면 특히 두 가지 환경(전통적이고 향수를 불러 일으키는 부
르주아 환경)이 주로 매우 선호하는 관심의 대상이 됩니다.
　에릭 플뤼게(Erik Flügge)는 다음과 같이 말합니다: 여전히 교인
이 감소하는 가운데 교인의 90%가 나머지 10%가 사용하는 [건

물 및 행사에 드는| 비용을 지불하고 있습니다. 짜증이 날 만한 일이죠. 교회는 결코 모든 사람에게 공평하게 있는 것이 아닙니다. 그리고 만일 사람들이 그 비용을 위해 평생 지급해온 세례나 혼례 같은 행사를 치르게 되었을 때, 교회 규칙에 상반되는 행사 진행 요청을 하다가 유연하지 못한 교회 직원들과 부딪히게 되어서 의사소통이 완전히 중단되는 경우가 있는데, 이러한 경우에 그 이유는 교회가 다분히 정부 기관이 하는 관료적 태도를 다시금 보이기 때문입니다.

이어 나의 세 번째 요점으로 갑니다.

3. 교회는 폐쇄된 시스템이고 변화할 수 없으므로 미래가 없습니다

교회는 제도로서 자급자족하고, 기구로서 자기주장을 하며 분위기 환경으로서는 자기 보완적입니다. 상황에 맞추어 작은 조정을 많이 한다는 것은 근본적인 변화 없이도 시스템 자체가 살아남을 수 있다는 것을 의미하겠지요. 결과적으로 오늘날 기관으로서의 교회는 주로 필요한 맞춤 과정(교구 계획이나 부동산 계획 같은)을 조직하는 일에 바쁩니다. 높은 역압으로 인해 가장 필요한 조정만 이루어지기 때문에, 끊임없이 변화하는 상황에 직면해서 짧은 간격으로 조정이 필요한데, 그런 상황이기 때문에 교회 지도부와 교회 공동체가 이 위축되는 과정에서 더 이상 벗어날 수 없는 것입니다.

행정부가 맡아서 변경 사항을 행정적으로 구현하는 전문성은 교회에 불행을 초래합니다. 그 결과는 다음과 같습니다.

• 교회는 근본적으로 자기 사안에 바쁩니다.

• 교회는 기본적으로 생존과 자기를 주장하는 일에 바쁜 기관으로 보입니다. 자기 자신이 중요하고 남들은 덜 중요하지요.

• 시스템을 조정하는 일은 오히려 시스템의 변화를 방해합니다. 자원을 집중하여 우선순위를 설정하는 것조차 매우 어려워지고 있습니다. 부족한 재료를 감안할 때, 합의를 거쳐 조직화하기가 어렵기 때문입니다.

• 잔디 깎는 기계 스타일의 삭감은 그것을 가지고 미래 능력

을 얻고 암시할 수 있을 표시등으로서의 긴요한 우선 순위를 설정하는 일을 방해합니다.

어차피 미래가 없는 것을 보존하려는 구출 작전은 변화를 위해 남은 자원마저 먹어 치운다는 것입니다.

(거의) 모든 사람이 일이 이렇게 계속될 수 없다고 느끼고 있습니다. 그러나 전반적으로 시스템은 천천히 가열되기 때문에 점점 더 달구어지는 그릇의 뜨거운 물에서 뛰어내리지 않는 개구리처럼 반응합니다.

교회는 변화에 저항하는 것처럼 보이며, 부분적으로는 이미 오랫동안 교회 안에서와 교회를 위해서 수고해왔고 심지어 그것으로 인해 고통을 겪어왔던 것에 대해서 비참한 결과를 보게 됩니다. 대안 옵션의 시대에는 선의의 사람들조차도 "교회 개혁"보다 더 효율적인 대안을 찾고 있습니다. 이제 더 이상 이 과정을 보지 않고 그 일부가 되기를 원하는 아주 많은 사람이 있습니다. 내가 쉽게 내 자신의 교회를 개척할 수 있거나 내 현대 생활 방식에 맞는 활기차고 미학적으로 즐거운 교회 운동에 참여할 수 있는데 왜 힘든 수고를 해야 하겠습니까?

문제는 이러한 시스템 붕괴가 궁극적으로 불가피하다는 점입니다. 수 세기에 걸쳐 성장한 계층 구조의 권위는 풀뿌리의 봉기와 주도권을 안정하도록 늦추고 "동여매며", "더 나쁜 일이 발생하지 않도록 저지"합니다. 시스템-, 제어-, 공급- 및 신학-논리가 형성되고 있습니다. 상황을 설명하는 두 가지 예를 들겠습니다. 지난 1년 반 동안 저는 그 어느 때보다 교회 고위 행정부(Oberkirchenrat)[총회]로부터 더 많은 메일을 받았습니다. 각각의 상황에 대한 국가 지침을 실현하기 위한 코로나 위기 대응 처리 방안에 관한 내용이 주를 이루었습니다. 여기서 중요한 문제는 사람들이 목회자의 실제 참석 없이 성찬식을 받는다는 사실을 어떻게 받아들일 것이냐는 것입니다. 그게 도대체 가능할까요? 어떤 상황에서 이것이 합법적일 수 있습니까?

많은 사람이 정신적으로 무너지고 있고 교회는 규제하는 일로 분주합니다. 뷔르템베르크에 있는 우리 고향 교회의 두 번째 예입니다. 뷔르템베르크 주교회의 마지막 연례 보고서 중 하나에 따르면, 교회 고위 행정부처[본부]와 교회 지도부[총회]에 만들어진 새로운 행정직의 수는 재정적인 이유로 삭감된 교구교회[지역교회] 목회직의 수와 정확히 일치합니다. 우리가 망한다고 해도 그것은 끝까지 적어도 규칙에 따라서 진행될 것입니다.

4. 이제, 콘스탄틴적 교회는 역사에 따른 크기에 불과하므로, 교회에는 미래가 없습니다

교회는 역사적으로 규모가 있지만, 역사적으로만 규모가 있습니다. 다양한 특권과 관련된 이러한 독점적 위치와 구조에 자신을 고정하는 교회는 미래를 그 뒤로 하고 있습니다. 교회가 가졌던 과거의 위대함은 미래의 가장 큰 핸디캡으로 작용합니다. 교회는 과거에, 과거의 위대함에 자신을 고정하고 거기에서 자신의 미래를 찾습니다. 대성당, 교회당, 영혼의 부화 장소로서의 개신교 목사관, 개신교 재단 등에서 말입니다. 교회가 축적한 문화적 보물은 동시에 새로운 문화적 성취에 있어서 가장 큰 장애물이자 방해 요소입니다. '우리는 이미 모든 것을 가지고 있잖아 - 충분하다고!'라고 말하는 식으로 말입니다.

• 교회는 정신적으로나 구조적으로 과거에 갇혀 있습니다. 교회는 정신적으로나 문화적으로 전통적인 동아리만이 아닙니다. 교회의 교구적이고 지역공동체적인 구조는 교회가 국가를

위해 주민을 통제하는 기능을 수행할 때 의미가 있었습니다. 그들의 관리적인 행정은 국가에 대하여 동등한 파트너로서 의미가 컸습니다. 정규 과목으로서의 종교 교육 또한 그것이 주민의 도덕적 각인과 교화를 담당하는 기관이었을 때 의미가 있었습니다.

주 교회 세금 징수는 이 규제된 형태의 모금이 교회의 국가기관적 기능들의 자금 조달을 보장했기 때문에 이치에 맞았습니다. 교회는 1,700년 동안 '국가와 결혼해온 교회'로부터 작별을 고할 수 없었습니다.

• 교회는 사울의 망토, 아니 사울의 갑옷이 자기에게 너무 크고 무거워진 것을 깨닫지 못하고 있습니다. 유치원과 탁아소에서 개신교 병원과 노인 시설, 학교의 종교 교육에 이르기까지, 교회는 많은 경우 이 기관과 시설들을 더 이상 개신교적으로 각인하며 운영할 수 없게 되었습니다.

• 콘스탄티누스 시대의 종말이 의미하는 획기적인 단절을 인식할 준비가 되어 있지 않습니다. 교회와 국가의 분리로부터 오는 결과, 세속화와 종교 사유화의 결과, 압도적인 신앙 형태였

던 기독교의 상대화 결과, 단지 다양성 수용이 아니라 다원주의를 계획해서 진행하는 다원화 등은 당연하게도 제 일선에서 과거의 가장 강한 반발 세에게 대항하기 마련입니다. 전통과의 단절은 목회적 권력의 상실을 동반합니다.[1] 다중 선택 사회는 또한 교회를 시장의 힘에 노출시키고 특별히 그것이 좋아 보이지 않게 만듭니다.

• 교회의 비극은 시스템에 순응하지만 - 그러나 코로나 위기가 보여주듯 - 더 이상 시스템과 관련이 없습니다. 열린 건축공구 대형상점은 열린 교회보다 모든 사람에게 눈에 띄게 더 중요하기만 합니다. 교회는 이미 고립으로 고통받고 있는 사람들의 수십만 배 엄청난 고통에 항의했었어야 했습니다. 그들은 의학적 관점의 절대화와 그 처방에 따른 사회 현실의 매우 일방적 구성에 대해 항의했었어야 합니다.

• 규범적인 모든 것에 대한 계획성 있는 저항, 다채롭고 다양한 것들과 모든 일반적 진리에 앞선 개인의 우선권을 위한 조건 없는 이 탄원이, 이상한 활동에 대한, 그러니까 국가 권력, 교회의 지배 그리고 그리스[헬라] 정신이 유해하게 혼합된 것에 대

---

1) 미셸 푸콜트(Michel Foucault)

한 [저항적] 반응이라고 읽힐 수는 없겠습니까? 플라톤의 철학에는 본질적으로 참되고 옳은 것이 있다는 생각을 이 세상에 집어넣었던 것 아닌가요? 교회는 계시에 대한 절대적이고 최종적인 주장을 통해 진리를 차지하며, 국가는 이를 보호해 왔습니다. 사회는 문화적 기억 속에 깊숙이 박힌 이 시간이 이제 끝났다는 안도의 한숨을 지금 쉬고 있지 않습니까?

5. 많은 그리스도인이 교회에 속한 것을 부끄러워하고 교회에 신앙 고백하기를 싫어하기 때문에 교회에는 미래가 없습니다

그들은 많은 사람, 특히 젊은이들이 더 이상 복음에서 아무것도 기대하지 않고, 믿음을 시대에 뒤떨어지고 믿을 수 없는 것으로 여기고, 또한 희망으로서의 예수님을 치워버렸기 때문에 교회를 부끄럽게 생각합니다. 그들은 그들이 가는 길에 방해가 되는 교회와 기독교로부터 거리두기를 가장 선호할 것입니다. 국제 기준으로 볼 때 엄청나게 부유한 이 교회는 물질적으로나 영적으로 가난한 사람들을 돕기 위해 어느 정도 헌신하고 있습니까? 교회는 단순하게 고용된 사람들과 진정 얼마나 가까이에서 있습니까? 정상적인 개신교인으로서는 외면할 수밖에 없는 불확실한 환경 속에 교회가 있다는 견해, 이 혐오의 장벽은 얼마나 심각합니까?

물론 교회는 철저하게 인간적이며 너무도 인간적인 운영이며 그것은 "심판의 날"까지 거의 변하지 않을 것입니다. 그러나 안 좋은 것은 사람들이 교회뿐만 아니라 하나님에게도, 무엇보다도 예수에게 등을 돌린다는 것입니다. 많은 곳에서 전통적이거나 시민적이거나 사회생태학적 옷을 입은 선행이 영적으로 지칠 줄 모르고 성행하기 때문입니다. 기독교 신앙의 의미를 분명히 하고 싶다면 오히려 교회와 거리를 둘 필요가 있지 않습니까? 모든 화석화되고 구식이며 과거에 고정되고 부도덕한 것으로부터 말입니다. 경건한 모습으로 권력과 자기주장을 위해 노력하는 것, 신앙이 독실한 체하는 모든 것, 복음에 반대되는 행실로부터 말입니다.

그들은 그들의 믿음이나 하나님을 부끄러워하는 것이 아닙니다. 그러나:

• 그들은 여전히 도덕적 기관으로 행세하고 오늘날까지 도덕적 징계자로서의 역할을 완전히 포기하지 않은 교회를 부끄럽

게 생각합니다. 다른 이는 부끄러워합니다. 또 다른 이는 낯선 것으로 부끄러워 합니다. 왜냐하면 교회가 고유한 윤리적 기준에 맞게 행동하지 않기 때문입니다. 현재 일어난 예를 들면 성범죄 추문이 절대적으로 불만족스럽게 처리되는가 하면, 믿을 수 없을 정도의 에너지 낭비가, 옆에 있는 교육관에서 거행해도 좋을 한 시간 예배를 위해서 차가워진 돌 건물을 소모적으로 데우는 데에서 발생하며, 아주 적은 부분만 디아코니아에 사용되는 교회 세금의 파렴치한 사용 등을 살펴볼 수 있습니다.

• 그들은 전통에 매여 있고 자기 자신의 사안에만 몰두하며 옛 습관과 관습에 집착하여 곤혹스러워하고 있는 교회를 부끄럽게 여깁니다. 영향력이 없고, 시대에 뒤떨어지고, 낡았고, 현대화에 거부감을 나타내고, 그래서 노인네 모임, 그리고 전통협회라는 이름을 얻게 되었습니다. 진보에 회의적이며 성과에 적대감을 보이면서도 여전히 모든 것에 자신을 주장해야 한다고 생각하는 교회입니다.

• 그들은 도덕적으로 불신을 받는 교회를 부끄럽게 여깁니다. 교회는 천년 반 동안 국가의 집행관이 되어 주민들을 통제하고 단속하는 중에, 대부분은 강자의 편에 섰고 약자의 편을 드는 경우가 드물었으며, 이런 모든 것에도 불구하고 여전히 매

우 도덕적인 주장을 동반해왔기 때문입니다.

• 그들은 스스로 더 잘 안다고 여기며 오만함을 표방하는 교회를 부끄러워합니다. 교회가 연루된 모든 잘못과 사람들에게 행사한 모든 압박에도 불구하고, 오늘날까지도 여전히 다양한 방식으로 하나님의 관점을 대리한다고 주장하는 교회를 부끄러워합니다. 개인윤리를 통해서나, 특히 선호하는 성 윤리를 제한하는 행동을 통해서 두드러지는 교회를 부끄러워하고, 세계 종말 극본으로 동기가 유발된 교통 운행정지나 음식물 섭취를 금지하거나, 혹은 그들의 정신적 입장을 그들의 대표적 지도자들의 것과 같다고 생각할 수 없는 사람들에 대해 정치적으로 선동하는 교섭을 금지하는 행동 때문에 드러나는 교회를 부끄러워합니다.

• 더 많은 관용을 요구하는 사회 기구가 동시에 더 많은 차별과 혐오의 경계를 제기하는 경우는 거의 없습니다. 소비 쾌락주의적 환경의 사람들은 매우 비정치적입니다. 불안정한 환경의 사람들은 꺼려질 만한, 세대적으로 진부한 생각에 따라 생활하며, 극우에 투표하고 생각하는 경향이 있습니다. 적응하는 실용주의자들은 자신만을 생각하거나 어떻게 앞서갈까만을 생각

합니다. 향수를 불러일으키는 부르주아는 우익 극단주의적 견
해를 가진 경향이 있고 시민 사회에 충분히 참여하지 않습니다.
탐험대는 너무 개인주의적으로 움직이며, 공동체에 대한 관심
이 없고, 자아 발견만을 찾아가는 자아가 투철한 아드레날린 중
독자에 대해 침묵합니다. 전통주의자들은 변화에 방해가 될 뿐
입니다.

• 보수적 우아한 엘리트는 체제의 안정에만 관심이 있습니
다. 일 중독자로서 망가지도록 일하는 연출가들과 비슷하게 말
이지요. 본래 탈물질적 태도를 가진 사람만이, 특히 사회생태학
적으로 볼 때, 옳고 중요합니다.

• 그들은 대리자들의 뻔한 발표에 진부한 줄도 모르고, 자신
의 사회적 중요성을 하찮게 만드는 그 교회를 부끄럽게 여깁니
다. 정말 시민적 종교[civil religion] 외에 다른 어떤 것이 될 수
는 없는 것입니까?
• 그들은 목회권을 상실했음에도 불구하고 경건 문제나, 환
경 문제나, 남녀성별 문제 등을 막론하고, 다른 사람들에게 어
떻게 생각하고 행동하고 말해야 하는지를 알려주고 싶어 하는
것을 억제할 수 없는 교회를 부끄럽게 여깁니다.

• 그들은 그들 대부분이 더 이상 아무도, 특히 이미 교회가!
자신들에게 어떻게 생각하고 살아야 하는지를 말하도록 놔두지
않는다는 것을 더 이상 알아차리지 못하는 교회를 부끄러워합
니다. 고전적인 규범적 지평이 더 이상 많은 사람에게서 이해될
수 없다는 것을 이해하지 못하는 교회를 부끄러워합니다. 대신
에 교회는 쇠퇴의 산물인 포스트모더니즘에 대한 문명의 비판
안에서, 이 시기가 무엇을 야기했는지, 그리고 여기서 배우고
누릴 수 있는 것이 무엇인지 이해하지 못한 채 답습합니다.

• 중대한 책임에 있어서 전례 없는 실패를 했음에도, 예외를
제외하고는 자신의 다중적인 책임을 지지 않는 교회를 부끄러
워합니다. 이웃사랑 그리고 하나님 사랑의 종교와 국가 권력의
융합, 교회의 고유한 사회 권력 실행의 합법화가 오히려 신앙을
불신하게 만든다는 것을 간과할 수 있는 큰 사각지대가 있을 때
만 비판적 자세가 가능한 교회가 부끄럽습니다. 교회가 자신의
책임이 있는 피해를 알고 있다면, 교회는 더 겸손하게 되고 치
유와 도움만을 구하게 되지 않을까요? 교회가 기독교 역사의 끔
찍한 페이지에 있어서 의식을 가지고 통과해야만 다시 신뢰할
수 있는 존재로 나타나지 않을까요? 그리고 그런 과정을 거쳤다
면 교회는 어떤 모습으로 등장하게 될까요? 다시 생각하고 회개

하는 것이 자신의 실패를 생생하게 그려내고, 무엇보다 타자를 비판하지 않는, 교회의 핵심 용어가 아닐까요?

반면에 우리는 교회를 경험합니다.

• 여전히 도덕을 맡은 기관으로 나서서 남들에게 설교하지만, 스스로는 그럴 자리에 있지 못합니다. 최근의 끔찍한 예로, 이미 언급한 다중 성추행과 같은 사례는 무조건 잘못을 고백하고 이에 대한 처리와 적절한 도움이 제공되어야 합니다.

• 포도주를 마시고 물을 설교하는 교회는, 위태로운 생활 조건에서와 해결이 필요한 곤경을 전례 없는 방법으로 디아코니[Diakonie]를 통해 도울 수 있는 수단이 있다고 해도, 기부금을 요청하는 것을 선호하며 교회 세금의 염려스러운 감소를 호소하고 있습니다.

• 적어도 우리는 여전히 놀라운 물질적 기회와 인적 자원을 마음대로 사용할 수 있는 교회이지만, 전통적 사고에서 벗어나고 싶어 하지 않기 때문에 이 자원을 낭비합니다.

• 생각해야 할 것은 암시적으로 여전히 발견될 수 있는 각 교

회의 온전한 서비스에 대한 교회론적 개념입니다. 모든 지역교회가 이 동일한 서비스를 온전하게 제공해야 합니다. 이는 이웃 교회들 사이에 종종 존재하는 경쟁적 사고, 즉 "그들이 한다면 우리도"라는 의식에 의해 조장됩니다. 대도시 및 중간크기의 도시들에서 찾을 수 있는, 상당한 노력을 들여 준비하고 병렬적으로 진행되는 예배에 대해 생각할 수 있는데, 이는 거의 동시에 거의 동일한 청중을 대상으로 하는데도 누구도 그것을 과잉이라고 여기지 않습니다. 자원이 더 현명하게 사용되고 대도시 심지어 시골에서도 사람들이 이미 다른 곳에서 실행하고 있는 예배로 이동하려는 좀 더 유연한 생각을 한다면 현재 환경을 초월할 가능성이 여기에 얼마나 있게 될까요?

6. 교회는 더 이상 삶에 필수적인 것이 아니기 때문에 미래가 없습니다

사람들은 솔직히 말해서 왜 교회에 속해 있어야 하는지 잘 알지 못합니다. 교회 생활을 전통적-협회로서 영위하고 있다든지, 이 사회형태를 교회라는 이름으로 발톱과 이빨로 지키려는 사람들을 제외하고요. 그것을 그들의 관점에서는 옳다고 하겠

습니다.

교회는 개념적으로 도움이 필요한 모든 사람에게 피난처를 제공하는 구명보트 공동체입니다. 구명보트에서 단지 중요한 것은 내가 그 안에 있고, 거기에 들어가 있고, 무조건 그 안에 있으려 하고, 나를 그 안에 들여 넣어야 하고, 반드시 그 안에 있으려 한다는 것입니다. 누가 그 안에 있고 내가 누구와 맞추어야 하는지는 부차적인 관심사일 뿐입니다.

이렇게 구명정은 단순하게 필요합니다. 때로는 신학적으로 의심스럽고 때로는 문제가 있는 방식으로 교회는 1500년이 넘는 세월 동안 삶에 필요한 공동체로 자리매김해 왔습니다. 상당수의 사람이 교회를 떠나기 시작한 것은 20세기 초부터였습니다. 오늘날 우리가 좋은 뜻으로 더 이상 공유하지 않게 된, 이 포기할 수 없는 "체제적 중요성"에 대한 정치적, 문화적, 그리고 당연히, 신학적인 논증이 있었습니다. 그러나 교회의 대체 정당화는 어떻게 보이나요? 교회가 여전히 존재하고 있다는 것이 바로 교회가 말하는 가장 강력한 주장인가요? 긍정적으로 질문해서, 교회가 구조하는 그 "바다의 조난"은 무엇입니까? 우리 교회는 아마도 보편주의적 항목들과 종교-신학적 대화 개념을 통해 이것을 스스로 제거하지 않았습니까? 종종 이 세상의 최악의 곤경을 훨씬 더 과격하고 공개적으로 다루는 철학적 개념과 달리, 우리는 아마도 그 같은 행동을 하기에는 너무 우아해져 버렸을 것입니다.

오늘날 교회가 문화 발전의 선봉에 서 있는 곳은 어디입니까? 위르겐 하버마스가 요구한 대로, 교회가 규범적으로 무력한 현실적 이성을 위해 포기할 수 없는 기여를 제공하는 곳은 어디입니까?

무엇보다도, 예수 그리스도를 지나쳐서는 아버지이신 하나님에게 갈 수 있는 길이 없다는 교회의 신학적 주장은 어디에 남아 있습니까? 교회는 우리가 매일 경험하는 역사의 심연과 잔혹함에 대처할 수 있는 세계관을 어디에서 전달합니까? 유행에 뒤떨어지는 것처럼 보이지 않기 위해서 성경과 신학에 근거한 구원론과 우주론의 배낭을 밖으로 내던진 곳에서, 교회는 동시에 존재할 권리도 포기한 것입니다. 교회는 사회 제도로서 수 세기에 걸쳐 축적된 과거의 영향력을 여전히 남김없이 소비하고 있습니다. 그게 아니라면 왜 교회에 붙어 있어야 하는지 더 이상 이해할 수 없습니다. 인습적인 회원의 모습이 지배적입니다. 그러나 이것은 매우 불안정합니다. 회원의 신분에서 탈퇴로 전환하는 데에는 약간의 자극만 있으면 되기 때문입니다.

영성을 찾는 것이라면 어딘가에 더 활기차고 흥미로운 다른 곳이 있습니다.

영원한 구원은 지배적이고 보편주의적인 선포와 다원주의적인 종교 신학을 따르는 것이 허락된다면 그것은 도처에 있습니다.

디아코니아적 혹은 사회적 지원은 이미 여러 곳에서 제공하고 있습니다. 또한 이러한 지원을 제공하는 것은 여럿입니다. 독일적십자와 노동자-사마리아인 연맹은 잘 못 한다는 건가요?

협회의 사교성은 다른 곳에서도 찾을 수 있습니다.

교육과 문화 역시 마찬가지이지요.

정치적 참여는 정당이 이미 하고 있습니다. 그 모든 것이 교회에 있다면 좋은 일이지요, 운동하거나 합창을 하는 것처럼 말입니다. 그러나 결정적인 질문은 다음과 같습니다. 왜 내가 교회에 꼭 있어야 하고 남아 있어야 합니까? 교회가 존재하는 목적은 무엇입니까? 내가 살아가는 데 필요한 무엇을 교회가 나에게 제공하고 있으며, 내가 교회에서만 찾을 수 있는 것은 도대체 무엇입니까?

내 컴퓨터에 EKD[독일개신교협의회]-Quark이라는 폴더가 있습니다. 그 안에 나는 최신이지만 없더라도 전혀 문제가 안 될 공문들을 담아 놓습니다. 최신의 EKD문서들 중에 꽃이라고 할 수 있는 텍스트는 EKD-문서 136번입니다. 저렴한 주택에 관한 것입니다. 그 외에 교회가 말하는 다른 주제 중에는 또한 다음과 같은 것들이 있습니다.

평화로운 공존, 관용과 대화. 반유대주의와 이슬람 공포증. 모두 공허하고 진부하며 일반적으로 도움이 되지 않는 규범성! 그러나 오해하지는 마십시오. 물론 이것들은 매우 중요한 주제들입니다. 그러나 그 주제들에 대한 교회의 구체적인 기여는 무엇이라는 말입니까? 그들은 단지 앵무새가 아닙니까? 구체적으로, 예수 그리스도의 복음은 이러한 질문에 어떤 도움을 주고 있습니까?

저는 이 문제를 시장경제적 공통분모로써 표현하려 합니다.

7. 교회는 자신만의 '고유한 판매 포인트(USP)'를 잃어버렸기 때문에 미래가 없습니다

무엇을 위한 교회입니까? 무엇을 위해 교회가 있습니까, 교회 혼자만이 감당하는 것이 무엇입니까? 교회를 다른 것과 혼동할 수 없이 독특하게 만드는 것은 무엇입니까? 내가 교회에서만 찾을 수 있는 것은 무엇입니까? 선택의 폭이 다양하고, 종교적 가능성이 무한히 크며, 다양한 생활 방식이 존재하는 이 세상에서 교회를 포기하지 못하게 만드는 것은 무엇입니까?

보편적으로 설득할 수 있는 대답은 없습니다. 서로 다른 그룹들은 그들 각자의 완전히 상반되는 교회에 대한 정의 내림과 규칙 안으로 각자 그들의 특별한 통찰력과 관심을 가져옵니다. 그 결과 교회는, "교회적" 관심사를 대표하는 각자가 자신의 영적 재가를 보게 할 수 있는 "셀프 서비스 상점"으로서의 교회입니다. 그렇게 되면서 교회는 정체성을 잃게 됩니다. 또한 교회가 주로 무엇을 위해 있는지에 대한 노력이 더 이상 없고, 그 무엇이 더 이상 눈에 보이지 않기 때문에 교회의 정체성은 용해됩니다. 나는 나쁘게 가정해 보려고 합니다. 그러니까 교회의 정체성은 더 이상 보이지 않아야 합니다. 자유주의 원칙에 기초한 선의의 다원주의는 교회의 모든 것과 모든 사람의 자리를 보고 각자의 모든 개별 관심사에 교회적으로 세례를 주기 때문입니다. 모든 개인이 동일한 가치가 있기 때문에 그들의 관심과 견해도 마찬가지라는 잘못된 결론을 내리는 모습입니다.

　누구도 다른 사람을 배제할 수 없습니다. 그 결과 거의 모든 것을 찾을 수 있는 대목장이나 슈퍼마켓이 탄생했습니다. 그러나 다른 곳에서 당신의 필요와 욕구를 충족시킬 수 있는데 왜 굳이 거기를 찾아야 합니까? 모퉁이에 더 자격이 있는 직원이 있고 더 질 좋은 상품이 있는 전문 매장이 있다면 어떻겠습니까? 교회는 이러한 수요에 집중하고 초점을 맞춤으로써가 아니라 제공하는 것을 확대하는 방식의 반응을 하는 것입니다.

　하지만
　• 내가 왜 교회에서 생태계적 사안을 위해 일해야 할까요? 다른 곳에서도 그 일을 더 잘 할 수 있다면 말입니다.

　• 내가 왜 사회적 사안에 참여해야 할까요? 사민당이나 좌파가 그 일을 더 전문적으로 할 수 있다면 말입니다.

• 내가 왜 교회에서 전쟁에 반대해야 합니까? 평화주의 단체들도 아마도 더 설득력 있고 효율적으로 시위를 하는데 말입니다.

• 내가 왜 교회 예배와 성찬식의 동그라미 원에 서야 합니까? 스포츠 클럽에서도 공동체를 제공하고 훨씬 더 비강제적인 커뮤니티를 제공하는데 말입니다.

이 모든 것이 교회에 있다는 사실에 잘못된 것은 없습니다. 왜 교회에서 그것을 찾아야 하는지를 이해하기가, 긍정적으로 표현하자면, 그 각각이 교회의 핵심 브랜드와 어떤 관련이 있는지를 들여다보기가 어렵다는 것입니다. 여기에서 내가 오늘날에도 여전히 교회에 가야 할 이유를 발견할 수 있습니까?

8. 교회는 잘못 교육하고, 잘못된 사람을 만들고, 게다가 교만하기까지 하므로 미래가 없습니다

신학 공부에는 고대 히브리어, 고대 그리스어, 고대 문헌학 및 고대 역사가 있으며, 그것이 역사에서 하나님의 경륜에 더 깊이 접근할 수 있도록 도와주기 때문에 우리는 그것에 감사하는 것이 마땅합니다. 그러나 신학 훈련의 열매는 대부분 작은 신학자이지 대도시에 교회를 개척할 능력이 있는 기업가가 아닙니다. 우리는 수많은 예산과 인력 관리의 도전에 대비한 관리자 대신 준 학자를 교육합니다. 우리는 민감한 방식으로 다른 환경에 끼어들 수 있는 커뮤니케이터 대신에 독백하는 목회자를 훈련합니다. 이 과정은 정규직 직원의 환경을 협소하게 만들도록 설계되었습니다. 교육자 가정의 자녀가 선호됩니다. 결정적인 것은 조용하고 승인된 전제 조건입니다.

전제 조건 1. 교회 생활의 중심은 목회직, 즉 개교회 목회직입니다. 결과로, 한 성직자가 공동체의 우두머리가 되어 공동체의 행복과 불행을 결정합니다.

전제 조건 2. 신학자는 교회 전문직의 극치입니다. 결과는 목사교회이지요. 디아콘직의 송환이구요. 하필이면 사람들의 삶의 세계로 진입해 들어가는 섬기는 일의 감소로 귀결된다는 뜻입니다.

전제 조건 3. 교회를 이끄는 신학적인 전임 직분자가 있어야 합니다. 그런데 그들은 지배합니다. 그리고 그들은 결정합니다. 그들이 자신들이 책임지고 있는 사람들의 직업 세계와 일터를 몇 배나 더 알지 못하는데도 말이죠. 반대로 그들은 우선 평범한 교인이 직면하는 도전들에 대해 사람을 무감각하게 만드는 특권을 즐기고 있습니다.

코로나 시대에 월급과 연금이 자동으로 이어져 정말 감사한 일입니다. 그런데 여자 환경미화원부터 소상공인에 이르기까지 다른 교인들이 받는 압박감은 전혀 모른다는 것이 문제입니다. 수십 년간의 논쟁에도 불구하고, 교회나 심지어 교회의 지도력에 자원봉사자들의 책임 있는 참여는 기회가 없으며 아마도 참여해서는 안 될 것입니다. 왜냐하면 그것은 너무 위험하고 혁명적 사상과 광범위한 변화의 위험을 품을 수 있다는 생각 때문이지요.

주의할 것은 그리고 문제가 되는 것은, 이들이 성찰하는 데에 있어서, 앞에서 말한 유능한 신학자로서 잘 훈련받았다는 것이 아니고, 정작 문제가 되는 것은 ⑴ 신학자의 교회, ⑵ 그들이 맡아 있고 동시에 요구하는 교회론입니다.

9. 교회는 영적 삶과 교회 성장을 파괴하는 치명적인 신학을 용납하고 받아들이고 심지어 조장하기 때문에 미래가 없습니다

그 주장은 다음 사실로 유효합니다.

• 조직-신학적으로 볼 때 신앙은 의식 상태로서 다만 fides qua(그 믿음)으로써만 수용가능하게 표현될 수 있습니다. 신념의 내용인 fides quae(어떤 믿음)은 잠재적인 갈등의 원인입니다. 물질에 대한 신학적 질문에 대한 논쟁은 거의 없습니다. 따라서 자연과학과의 논의는 기껏해야 윤리적 관점에서 이루어집니다. 만물을 결정하는 실재로서 신이 또 어디에서 등장합니까?(볼프하르트 판넨베르크) 기독교 신앙의 핵심에 뿌리를 둔 개신교 윤리는 어디에 있습니까?

• 성서-신학적으로 성경 본문의 학문적인 주석은 하나님 개념을 배제한 가운데 시행되는데, 방법론적 무신론의 원칙이 교회를 그 연구대상과 영구적인 갈등을 초래하게 되어도 상관이 없어 합니다.

"교부" 임마누엘 칸트로부터 강요된, 그리고 계속해서 유효한 주관철학적 전제는 문화개신교 신학을 조건 짓는데, 그것은 신학적으로는 다만 하나님의 이미지 정도가 주제화될 수 있다는 것입니다. 하나님의 실재에 대해서는 더 이상 증명 없이 역사적으로 끊임없이 따라오게 되는 문제로부터 구애받지 않고 선험적으로 말할 수 없습니다. 학문적으로 성경은 참수되고 실제 주장을 강탈당합니다. 이것은 사람이 자신의 요점을 잃고 자신의 진술의 요점을 깨고 학문적으로나 공개적으로 자신을 하찮게 만드는 방법입니다.

• 실천-신학적으로 학문에서 널리 사용되는 원칙이 적용됩니다. 교회공동체에서 거리가 멀수록 좋다는 것입니다. 실제 관련성이 낮을수록 과학적 중요성이 커집니다. 믿음을 언급하는 것은 비과학적일 것입니다. 실용적인 관련성을 곁눈질하면 주장된 과학적 객관성에 의문이 생길 것입니다. 신앙의 소통이 아니라 기독교의 이론이 중심이지요. 그렇게 교회에 도움이 되지 않는 직업교육[목회자 양성]이 생기는 것입니다.

• 교회사적으로, 교회사는 이론 운동의 이론으로 전락합니다. 그것은 더 이상 성경 해석의 역사(Gerhard Ebeling)가 아니고, 선교운동, 각성운동 그리고 사례의 운동, 즉 모범적 실천의 역사

로서 이해됩니다.

결과적으로, 실재로서의 하나님은 신학 연구에 나타나지 않습니다. 하나님을 실재로서 끌어들이는 것은 비과학적입니다. 현대 과학 개념의 지배적인 방법론적 무신론과의 논쟁은 발생하지 않습니다.

"신 없는 신학"의 결과는 결과적으로 "사업상의 허영심" 외에는 거의 다른 것이 없는 교회가 아니겠습니까? 신학은 그것이 신학의 과제인 양, 찌르는 것에 저항하지 않습니다. 그러나 칼 바르트가 옳게 주장했듯이 오직 이 과제를 인지하는 것만이 신학의 존재를 보편적인 문학의 틀 안에서 정당화할 수 있는 것입니다.

그 결과, 신학 공부가 여러 부분으로 나누어지고, 그 다음에는 수련목 과정과 목회실습이 두 개의 말하기 싫은 부분으로 나누어졌는데, 먼저는 교회와 관계가 없는 신학이고, 그 나중은 신학을 위해서는 여력이 없거나 시간이 없는 교회입니다.

10. 교회는 자신이 누구인지를 더 이상 모르고, 자신이 무엇인지를 부끄러워하고 깊이 거부하기 때문에 미래가 없습니다

바로 그렇기 때문에 교회는 더 이상 정체성을 소유하지 못한 잡화점이 될 수 있습니다. 특징을 보여주는 대신 믿음이 가지 않는 수고를 하면서, 다수 또는 모든 사람에게 관련성을 얻기 위해서 많은 일에 필사적으로 노력하고 있는 것입니다. 후기 물질주의의 기피하고 싶은 마케팅 전문 용어로 다시 표현하자면 "모든 사람"은 결국 대상 그룹이 아닙니다. 모든 사람을 위해 모든 것을 올바르게 하는 것은 아무도 할 수 없는 예술이며 결국에는 정체성과 관련성 모두를 잃게 될 것입니다. 교회는 자신이 누구인지 더 이상 알지 못하고, 자신이 누구인지를 잊었기 때문에, 다양한 정체성의 유혹과 관련성의 유혹을 따르게 됩니다. 자신의 "로마서 주석"에서 교회에게 교회를 특징 짓는 메시아적 시간 개념을 상기시킨 것은 포스트모던 이탈리아 철학자 조르지오 아감벤입니다. 부활과 묵시적 종말 사이에는 단지 연대기적 흐름이 아니라 질적인 시간이 있습니다.

"그 질적인 시간은 [...] 연대기적 시간을 압박하고, 그것을 내적으로 작업하고 변형시키는 작전상의 시간이며, 우리가 시간을 끝내는 데 필요한 시간입니다. 그러한 의미에서 이 시간은 우리에게 남아 있는 시간입니다. 이 시간은 "메시아적 시간"인데 종말을 가는 데에 필요한 시간입니다. 이것이 교회 존재 방식을 정의합니다. 교회는 여전히 교회에게 남아 있는 시간을 살고 있지만, 그 시간은 끊임없이 흘러가거나, 지속되거나, 항상 머무는 시간이 아닙니다. 여기에서 아감벤으로 대표되는 묵시적 시간 개념이 무엇보다도 교회와 교회의 특별한 역사에 기초를 세웁니다.

교회는 묵시-종말론적 지평에 있는 교회입니다. 그 지평의 좌표는 교회에 메시아적 질을 부여하고, 그 질은 차례로 교회의 헷갈릴 수 없는 정체성을 결정합니다. 교회가 빌릴 필요가 없을 뿐더러 교회 본연의 것인 정체성 말입니다.

교회는 그리스도의 초림과 재림 사이에 끼어 있습니다. 이미 새로운 부분이자, 낡은 세계의 부분을 사는 교회는 낡은 시기와 새로운 시기 사이의 찢어진 곳까지 뻗어 있으며, 자리를 잡고 정착할 가능성 없이, 여전히 '지금'과 동시에 '아직 아닌' 상태에 있으며, 머무는 시간이 아니지만, 여전히 교회에 남아 있는 그 시간의 중간에 살고 있습니다.

그 결과는 경험입니다. 그리스도 예수 안에서 하나님을 경외하며 살고자 하는 모든 사람은 박해를 받을 것입니다(딤후 3:12). 순교자는 순교합니다. 요한계시록은 구약과 신약에서 하나님의 백성을 대표하는 두 증인의 운명을 계시합니다. 그들은 묵시록의 짐승들에게 정복될 것입니다(11:7; 13:7). 결국 교회는 묵시적 존재됨을 피하고, 필연적으로 고통을 겪게 만드는 증인이 되는 것을 거절하기 때문에 미래가 없습니다.

그 증인됨의 자리에는 빌려온 사회적, 정치적, 문화적 관계성을 찾는 일이 등장합니다. 체계적으로 중요하다고, 그리고 말할 자격이 있다고, 인정해 주는 엘리트의 인정받는 것을 찾는 일이 등장합니다.

11. 교회는 자신이 안전하다고 믿으며 영원을 보장받았다고 믿고 지내기에, 미래가 없습니다

1500년 이상 지속되어 온 국가와 교회, 사회와 종교의 융합은 거듭 수정되어 오랫동안 안정되어왔습니다. 종종 너무 빨리 발표되었는데, 아직 시작되지 않은 국민교회의 종말과, 결국에는 마태복음 16:18에 따르는, "음부의 권세가 교회를 이기지 못하리라"에 따른 존재의 "신성한" 보증은, 거짓된 확신과 존재에 대한 주제넘은 기대로 이어졌습니다. "내가 네 행위를 아노니 네가 차지도 아니하고 뜨겁지도 아니하도다. 네가 차든지 뜨겁든지 하기를 원하노라. 네가 이같이 미지근하여 뜨겁지도 아니하고 차지도 아니하니 내 입에서 너를 토하여 버리리라"(계 3:15, 16). 그러나 교회사에서 얼마나 많은 경험적 교회와 운동이 이미 사라지고 남아있는 것이 없지 않습니까? 그리고 또한 주님의 말씀과 관련하여, 교회의 부활하셔서 높아지신 주님이, 회개하지 않으면 "촛대"를 치워 버리실 것이라는 말씀을 생각해야 하지 않겠습니까? CA VII[아우그스부르크 신앙고백 제7조는 교회에 관한 것인데, "항상 남아 있을 거룩한 교회"라는 내용에 대한: 역자 주]에 대한 광범위한 오해는 예수 그리스도의...는 예수 그리스도의 교회와 역사적 교단을 유독하게 혼동하거나 동일시하는 결과를 초래하지 않았습니까?

10년 동안 교인 수가 3분의 1로 줄어든 것이 아니고, 2019년에만 50만 명 이상의 교인이 기록적으로 탈퇴한 것이 아니며, 2060년까지 예측된 감소가 궁극적인 문제가 아닙니다. 교회는 언제라도 출발할 수 있습니다. 하지만 교회가 그것을 하지 않습니다. 교회는 상황의 심각성을 인식하지 못하기 때문에 미래가 없습니다. 교회는 자신의 상황을 심각하게 받아들이지 않기 때문에 미래가 없습니다.

왜냐하면 교회는 점점 더 뜨거워지고 있는 물 속의 개구리에 대해 다시 한 번 상기하게 되는데, 교회가 현재의 상태에서 고집을 세우는 것은 확실한 소외를 의미하기 때문에, 밝히 보고 결코 더는 모험을 하지 않는 곳에서 모험하기보다는, 현재 상태에 머무르는 것을 선호하기 때문입니다.

12. 교회는 교회의 반성을 위해 교회의 자원을 다 써 버리면서 교회의 미래 가능성을 도박에 빠뜨리기 때문에 미래가 없습니다

이러한 도발의 10%만 맞는다고 해도, 이 개요에 있는 모든 것을 일반화하고 부당하고 불공평하다고 거부할 수 없다면, 교회의 상태는 충분히 나쁠 것이며, 그 상황을 즉각적이고 급진적으로 변화시킬 충분한 이유가 될 것입니다.

에른스트 블로흐(Ernst Bloch)가 성서적 예언과 그리스적 예언 사이를 적절하게 구분한 의미에서 다음을 예측하고 알릴 수 있겠습니다. 이 글의 수용 또한 후기 물질주의 사고방식에 맞게 몇 배로 광범위하게 비판적 성찰에 있어서 제한됩니다. 일반화에 대한 비판에서 제한되고, 예외를 제시하는 것에서 제한되고, 상 대화하는 증거에 있어서 제한됩니다. 그러나 그렇게까지 나쁠 것은 없습니다. 바로 이것으로 발달한 변화에 대한 저항의 상태 가 확인될 것입니다.

프로테스탄트 기능 엘리트의 환경적 편견을 깨뜨릴 필요가 있습니다. 그들은 수십 년 동안 교회의 미래에 대해 토론해 왔 습니다. 그러나 교회가 미래를 얻는 데 필요한 에너지를 교회로 부터 빼앗는 것은 바로 교회의 미래 생존 가능성에 대한 이러한 논쟁입니다. 그러한 논쟁은 도전에 대처하는 프로테스탄트 엘 리트 환경의 특유한 스타일입니다. 정확히 여기에서, 한편으로 는 지도부 인사의 환경이 좁아지는 것이 분명하고, 다른 한편으 로는 그들이 자신의 제한된 솔루션 자원(리소스)으로 그 환경의 협 소화를 영속화할 때 그것이 얼마나 숙명적인지를 보여줍니다.

다양한 선물이 필요할 것입니다. 자유주의적 지식인은 분석 해야 하고, 사회생태학적 지식인은 비판해야 하며, 전통 지향적 인 지식인은 기도해야 하지만, 일을 시작하고 "행"하고 원정대가 창의성과 주도권으로 기여할 수 있도록 촉진하는 수행자가 필요합니다. 환경의 관점에서 본 은사의 다양성입니다!

전망들 -
약한 교회에 미래가 있는 이유

제 2 장

전망들 - 약한 교회에 미래가 있는 이유

변화를 원한다면 초월적인 수준에서 시작해야 합니다. 변화 가능성의 조건은 무엇입니까? 많은 경우 변화의 필요성은 인식되지만 관점이 부족하고 변화가 어떻게 일어날 수 있는지에 대한 통찰력이 부족하며 용기가 부족합니다.

우리는 먼저 질문합니다. 근본적인 변화를 위해서는 어떤 자세가 필요한가요? 저항과 시스템 논리의 관성에 맞서 어떤 태도가 유지됩니까?

그런 다음, 다음과 같이 묻습니다. 시스템에 적응하는 대신 논리를 어떻게 변경할 수 있습니까? 적응한 다음, 구체적인 대안을 찾습니다.

새로운 시작을 가로막는 다양한 요소들에 대해 단호한 신학적 틀을 세웁니다. 그 틀은 변화를 가능하게 하는 관점을 열어 줍니다.

1. 하나님은 약한 자들을 의지하십니다

한 잔의 물이 반쯤 차 있습니까, 아니면 반쯤 비었습니까? 이미 1/4이나 찼습니까, 아니면 25%만 찼습니까? 그것은 모두 프레임에 달려 있습니다. [그러나] 신학과 교회는 긍정적인 생각의 힘에 의존할 필요가 없습니다.

이것 역시 소진될 수 있으며, 우리의 마지막 비축량이 고갈될 때 결국 우리를 탈진시킬 수 있습니다. 현실과 동떨어지게, 비판적으로 분석하는 것을 단순히 잊자는 것도 아닙니다. 교회의 사실적이고 거의 논쟁의 여지가 없는 약점을 새로운 틀에 놓고 그것을 기회로, 가능성으로, 전망으로 발견하는 것이 훨씬 더 중요합니다. 이것은 약속과 희망에 대한 성경적 이야기를 진지하게 받아들이고, 그 이야기 안에서 우리를 만나주시는 하나님을 정확하게 바라는 신학적 논리를 요구합니다. 어렵고, 복잡하고, 고난으로 가득하고, 금언적이고, 절망적인 현실은 그 이야기들 안에서 부정되지 않고, 반박되지 않고, 억압되지 않으며, 윤색되지 않습니다. 단지 해석되는 것만도 아닙니다. 교회는 더 이상 자신의 가능성을 신뢰하지 않기 때문에 교회 안에서 재차 힘과 희망을 풀어주는 비전을 열게 되는 더 큰 틀에 놓이게 됩니다. 비록 원수들에게 둘러싸여 있지만, 교회에는 둘러싸고 있는 하나님의 주변 대가 훨씬 더 크다는 것을 볼 수 있도록 열려 있습니다(참조, 왕하6:14 이하). 교회는 빵 다섯 개와 물고기 두 마리밖에 가지고 있지 않지만, 하나님의 이름으로 나누어 주기 시작하면서, 그래서 수천 명의 사람을 배부르게 하면서 하나님의 영광을 발견하게 됩니다. 비록 교회가 불행과 무능력으로 재정적 벽에 부딪히더라도, 교회는 이 붕괴가 어떻게 선교하는 살아있는 교회의 초기화요 재시작인지 정확히 발견할 수 있습니다. 이에 대한 가장 유명하고 아마도 가장 중요한 기독교 설교자인 바울은 그의 사도 사역에서 장애가 있었는데, 아마도 많은 조롱거리를 가져온 언어 장애 때문일 것입니다. 바울은 그가 높으신 분의 말씀을 인용할 때 직접 경험하는 하나님의 행동 기본 법칙인 신학적 논리의 핵심에 도달합니다: "내 은혜가 네게 족하도다.

이는 내 능력이 약한 데서 온전하여짐이라"(고후12:9).

이 신학적 논리는 위험부담이 있습니다. 이 논리로 교회는 자신이 가지고 있지 않은 기회에 의존합니다. 교회는 쉽게 제공될 수 없는 현실을 바라고, 가능성의 논리를 멀리합니다.

그 결과에서 오는 교회론은 매우 "불만족"스럽습니다. 그것은 자기 일관성이 없으며, 오히려 자신을 넘어서는, 자신이 처리할 수 없는 현실을 가리키고 있고, 그런데 다른 한편으로는 그것이 적합하기에 홀로 합리적이고 맞다고 할 것입니다. 이 교회론은 사실입니다. 부족한 상태에 있는 교회는 하나님의 실재와 그의 가능성을 이야기합니다. 교회는 하나님의 영광이 허용하고 그 위에 내린다면, 그들의 상황에서 표명하려는 하나님의 영광에 대해 묻습니다. 그것을 바울이 일관되게 다음과 같이 결론을 내린다면 뒤틀린 마조히즘이 아닙니다. "그러므로 도리어 크게 기뻐함으로 나의 여러 약한 것들에 대하여 자랑하리니 이는 그리스도의 능력이 내게 머물게 하려 함이라. 그러므로 내가 그리스도를 위하여 약한 것들과 능욕과 궁핍과 박해와 곤고를 기뻐하노니 이는 내가 약한 그때 강함이라."(고후12.9bf). 역설적인 것은 우리가 종종 하나님의 일을 가장 많이 가로막는 곳이 바로 우리가 강하고 유능하고 또한 유능해지기를 추구하는 곳이라는 것입니다. 그리고 우리가 우리의 약점, 성공하지 못하는, 바로 그 자리에 살아 계신 하나님이 개입하실 수 있다는 것입니다.

여기에서 어려움과 손실로 흔들리는 연약하고 결핍된 교회에 길이 보입니다. 여기에는 세 단계가 중요합니다.

첫 번째 단계는 자신이 무엇인지 인식하고 꾸밈을 포기하는 것입니다. 거기에는 "가시"가 있습니다.

두 번째 단계는 자신의 피로를 인식하고 더 이상 자신의 가능성에 의존하지 않습니다. 가시를 빼내려는 우리의 노력은 헛된 것입니다.

세 번째 단계는 자신의 부족함을 하나님의 가능성이 되게 하고, 자신의 빈 자리와 공간을 하나님이 사용하실 수 있게 하는 것입니다. 해결되지 않는 상황이나 정서에 매달리지 말고, 문을 여십시오.

2. 교회는 미래가 있다 - 그 약함 때문에

우리는 전체 교회 역사의 더 넓은 지평에서 우리 교회의 현재 형태를 볼 수 있습니다. 거기에서 우리는 오늘날 우리에게도 적용되는 것을 발견할 수 있고, 고려해야 할 다른 모든 것의 기초가 무엇인지를 발견합니다. 교회에는 미래가 있습니다.

■ 하나님이 교회 안에 계시기 때문입니다. 그것은 우리 때문에 미래가 있다거나, 우리가 무엇을 하거나 하지 않기 때문에 그런 것이 아니라 하나님이 교회 안에 계시기 때문에 미래가 있다는 것입니다.

■ 사람들이 하나님을 구하고 찾기 때문입니다. 때로는 우리에게 제공되어야 할 것이 결핍되어 있거나, 아니면 그것이 제공되었음에도 말이죠.

■ 하나님께서 그의 교회를 세우시기 때문입니다. 왜냐하면 교회는 말씀의 피조물이기 때문입니다. 교회사에서 우리는 교회의 새로운 형태가 끊임없이 나타나는 것을 봅니다. 항상 잃어버린 인간들을 도와 그 필요를 시정하고, 그 사람들을 "마주해

서" 오는 새로운 출발과 운동들이 있습니다.

■ 사람은 인간의 실수, 오류, 잘못된 길 및 우회를 통하지 않고는 하나님께 향하는 목표에 도달할 다른 기회가 없기 때문입니다. 그리고 하나님은 이 기회를 항상 사용하십니다.

■ 우리도 교회를 무너뜨릴 수 없기 때문입니다. 이 진술이 확고한 만큼(마16:18 참조) 정확하게 정의하는 것도 물론 중요합니다. 그것은 역사적으로 나타나고 사라지는 교회 형태의 지속적인 존재 보장, 즉 교회가 만들어 놓은 어떤 것(sprich Kirchentuemer)을 의미하지 않습니다. 그것은 모든 시대를 통해 있는 구름같이 허다한 증인들에게 적용됩니다. 1세기의 대부분 교회는 오늘날 더 이상 존재하지 않습니다. 따라서 우리의 궁극적인 충성은 예수 그리스도께서 부르신 에클레시아에 있는 것이지, 역사적으로 발전되고 변할 수 있는 특정 교회의 형태에 있는 것이 아닙니다. 교회와 교회가 만들어 놓은 어떤 것[문화/ 단체] 사이에는 근본적인 구별이 있습니다.

비록 후자가 축복의 그릇이요 하나님의 다루심의 형태일 수 있지만, 그것들은 "질그릇"(고후4:7)이며 질그릇으로 머물 뿐입니다.

■ 교회는 사회문화적 경계를 초월하기 때문입니다. 교회는 항상 새로운 문화를 개척하시는 하나님 안에 존재하기 때문에 미래가 있고, 선교-역사적 인식에 따르면 선교사가 오기 전에 이미 거기에 하나님은 계셨기 때문입니다. 전 세계 교회는 복음의 토착화와 상황화의 거의 간과할 수 없는 충만함으로 특징지어지고, 그 충만함으로 하나님은 존재하는 문화적 경계를 초월하시고 유럽으로의 확산을 시작하셨습니다(참조, 행16:9).

■ 왜냐하면 교회에게 '(성인과 죄인의) 혼합된 몸'이라든지 '동시에 의인이자 죄인'이라는 개념은 기존의 폐해를 합법화하는 역할을 할 뿐만 아니라 '항상 개혁되는 교회'를 보게 만드는 계기가 되기 때문입니다.

■ 왜냐하면 교회는 그만큼 겸손한 교회이기 때문입니다. 자기 비판적이며 수정되고 변화될 준비가 되어 있으며 복음에 의해 재형성되거나 심지어 창조될 준비가 되어 있습니다. 교회는 자신이 무엇이라고 주장하지 않고, 자기를 주장하지 않습니다. 교회가 자신의 역사와 형태를 볼 때, 그것은 교회를 지나갑니다. 교회는 그의 피난처를 그리스도에게서 찾고 그에게 변화를 부탁합니다.

3. 짐을 더는 논리로서의 신학적 논리: 포기의 선언

약한 교회는 놓아주는 법을 배웁니다. 정상적인 충동은 그 반대입니다. 아직 가지고 있는 것을 유지하라고 하지요. 여전히 작동하는 것에 매달리라고 하고요. 그러나 우리의 곤경이 하나님의 기회가 되려면, 우리는 놓아야 하고, 내맡겨야 하고, 우리의 자원을 묶고 있는 고정된 것을 풀어야 합니다.

우리는 신학적 근본주의뿐만 아니라 형태론적 근본주의를 단념할 수 있습니다. 그 이유는 신학적 근본주의나 형태론적 근본주의가 교회의 존립을 보장하는 것이 아니기 때문입니다. 교회의 터는 예수 그리스도이며 아무도 예수 그리스도 외에 다른 터에 교회를 세울 수 없습니다(고전 3:11). 우리는 그가 가시화되는 것에 의존합니다. 우리가 하는 것이 아닙니다.

• 우리는 그토록 사랑스러워진, 쇠퇴하고 계속 늙어가는 향수를 불러일으키는 부르주아 환경에 닻을 내리지 않고도 할 수 있습니다. 우리는 쇠퇴하고 사라지는 만큼 교회 생활을 강력하게 결정하는 소부르주아적 삶의 세계에 대한 고착을 포기할 수 있습니다. 우리는 지금까지 교회를 부동의 전통과 동일시해 온

사람들에게 그리스도가 얼마나 중요한 존재가 되어 오셨는지를 발견할 수 있습니다.

• 우리는 독점권, 특권 및 지위를 포기할 수 있습니다. 우리는 유비쿼터스 주장을 버리고 다윗이 사울의 갑옷을 두고 결정한 것처럼 너무 무거워진 콘스탄티누스의 갑옷을 그대로 놓아둘 수 있습니다. 우리는 더 이상 국가의 인정받는 파트너가 될 필요가 없으며 사회에서 존경받는 선수가 될 필요도 없습니다. 우리는 시민 사회의 포스트 물질 선봉의 일부가 될 필요가 없습니다.

• 우리는 강력한 독단적 입장과 윤리적 선언 없이도 할 수 있습니다. 독일개신교협의회[EKD] 문서만큼 늦었지만 이후 주요 미디어에 이미 게시된 내용을 복제합니다.

• 우리는 우리의 재정과 인적 자원을 소비하는 부동산 포트폴리오 없이도 살 수 있고 가볍게 사는 것이 얼마나 좋은지 발견할 수 있습니다.

4. 자원을 모으고 승리하라

• 우리는 다음을 발견할 때 상상하지 못한 힘을 얻습니다. 즉 우리는 하나님께서 사람들을 통해 우리 교회 안에서 행하시고, 야기하시고 그리고 "이루시는" 것을 의식적으로 관찰하고, 그 가운데서 사람들의 성취를 인정함으로써 우리는 힘을 얻습니다. 얼마나 많은 것들이 광범위하게 모르는 가운데 숨겨진 채 일어나고 있나요! 인정하는 데에는 비용이 들지 않습니다, 다른 사람의 수고나 그가 가진 은사를 인지하고 그 진가를 인정하는 것을 제외하고는 말입니다. 이는 참으로 매력적이어서 사람들이 찾고, 방문하는 교회가 될 것이며, 인정하는 문화가 점점 더 기반을 얻는 이 교회에 사람들은 참여하고 싶은 동기를 부여받게 될 것입니다!

• 모범적인 방식으로 성공한 것에 대한 놀라움을 통해서 힘을 얻게 됩니다. 분석 전문 지식은 가치가 있지만, 전염시키는 일은 하지 못합니다. 반짝이는 눈이 필요합니다. 자극해서 감염시켜 영감을 주세요! 거기에는 성공적인 예나 심지어 우리가 매료되어서 얘기할 수 있는 시도가 필요합니다. 그렇게 해서 그것이 가능하다는 것을 보여주는 것이지요. 무역 박람회와 시장

등, 우리에게 용기를 주는 만남의 기회들이 필요합니다. 사람들이 제정신을 잃고 감격하고 열광할 교회가 될 것입니다. 왜냐하면 그들은 하나님의 도우심으로 어떤 지평이 열리는지를 보게 될 테니까요!

• 하나님의 미래에 대해 꿈을 꾸는 것을 통해 힘을 얻습니다. 우리는 될 수 있는 것을 보는 것입니다. 우리는 안 되는 일이나 잘되지 않는 일에 집착하지 않습니다. 우리는 우리의 힘을 소진하는 지루한 수리에 자원을 낭비하지 않습니다. 우리는 서로 꿈을 꾸게 합니다(시편 126 참조). 우리는 우리의 적자나 문제의 관점에서 생각하지 않습니다. 우리는 하나님께서 우리를 통해 주실 수 있고 성취하실 수 있는 것에서 출발합니다. 보존가와 분석가만이 지배하는 것이 아니라 공연자와 혁신적 창작자들이 공간을 갖고 그들의 은사를 가져오는 활기찬 교회는 어떻겠습니까!

• 함께 여는 것을 통해 힘을 얻습니다. 우리는 함께 목표를 달성할 수 있는 동맹군이 될 수 있는 사람들을 찾고 있습니다. 우리는 사회문화적 장벽과 신학적 차이를 넘어 그들을 찾고 발견합니다. 교회의 주인이신 예수 그리스도에 대한 공통된 충성이 서로 매우 다른 사람들을 모으고 힘을 합치는 교회는 얼마나 강

할 것입니까!

• 오류 친화성을 통해 힘을 얻습니다. 오류 친화성은 진화적
개발의 핵심 동인임이 입증되었습니다. 오류 친화적인 시스템
은 오류를 "용서"합니다. 실수가 추락으로 이어지는 것이 아니
니 실수를 두려워할 필요가 없습니다. 이러한 방식으로 그것은
필요성을 안전으로, 혁신으로 그리고 적응으로 결합합니다. 기
꺼이 실수함으로써만 궁극적으로 혁신을 마비시키고 방해하는
방어적인 태도를 방지할 수 있는 것입니다. 시도하고 실패할 수
있는 교회는 얼마나 진보적이고 매력적이며 적응력이 있을 것
입니까? 새로운 것을 시도하는 사람을 의심하지 않고, 도전하면
격려를 받는 곳 말입니다! 개방적인 태도가 우세하고, 모든 우
발적인 상황들을 안전조치하고 통제하려는 필요성이 지배적이
지 않은, 교회는 얼마나 매력적이고 지속 가능하며 문제 해결에
강한 교회가 될 것입니까!

5. 의식적으로 소수자적 교회 되기

또한 특히 이 연약한 교회가 자신이 처한 상황을 올바르게 해

석하고 사용할 줄 안다면, 이 교회는 약속 아래 있는 것입니다.

• 위축된 교회 즉 약해진 교회는 다원적 상황에서 소수 교회로서 원시 기독교와 초기 기독교적 위치에 진입합니다. 그때 교회는 교회의 입장에서 볼 때, 전례 없는 개화를 경험했습니다. 교회가 1600년 동안 국가의 지원과 국가의 정당성을 통해 얻은 목회권[1]을 다시 잃게 된다면 그 효과는 결코 과대평가라고 할 수 없는 패러다임 전환을 의미합니다. 교회가 이 변화를 단지 견뎌내고 참아내기만을 원하는 것이 아니라면 그것은 종교개혁 같은 것 이상의 어떤 것이 필요하고 그것은 회개할 기회를 제공하고 원래의 기독교로 돌아갈 기회를 제공합니다. 기독교 신앙과 기독교 교회는 그들이 지배적인 세계관과 제도를 나타낸다는 사실에서 사는 것이 아닙니다. 교회는 경쟁 가운데, 압박 속에서 그들의 힘을 보여줍니다. 이것에 대한 영적인 이유는 약한 교회가 세상의 자원, 교인의 수, 사회적으로 지배하는 입지, 재정적 수단에 의존하지 않고 홀로 교회를 지탱할 수 있는 분을 기억하기 때문입니다.

• 약한 교회는 새로운 시작의 기회입니다. 특히 인구의 역동

---

1) 미셸 푸코트(Michel Foucault)

적이고 젊은 연령층에 만연한 무지와 무관심의 상황은 거의 교회를 위한 재설정 버튼이며 이는 엄청난 기회를 의미합니다. 서양 유산의 문화 수송이라는 너무 무거운 배낭이 점점 덜 부담스러워지고, 저지되면서, 약해지고 영향력을 잃은 교회는 이제 대부분 사람에게 자신을 빈 서판으로 다시 묘사할 수 있게 되었습니다. 전통의 단절과 소외로 특징지어지는 사회에서, 약한 교회는 기독교 신앙이 무엇인지에 대해 새롭게 설명해야 하고, 새로 이해할 수 있게 만들도록 허용됩니다. 차례를 기다리고 있고, 자신의 대열에서 시작되고 있는, 신앙의 문맹 퇴치 가르침에 맞게, 윤리적으로, 생활세계에 맞게 새로 철자를 불러 달라고 요구합니다. 언어들, 필요한 경우에는 완전히 새로운 언어를 자신의 믿음을 설명하기 위해 찾아내는 것, 이것이 오늘날 기독교 신앙이 의미하는 바를 상징하기 위해 새로운 생활세계의 형태를 만드는 것입니다.

완전히 새로운 방식으로 성경 말씀의 명령이 일상생활의 상황과 어떻게 관련되고 그것들이 어떻게 거기에서 효력을 발휘할 수 있는지를 알아내는 것이 필요합니다. 이러한 출발의 과정에는 기독교 신앙의 역동성을 위한 놀라운 기회가 포함되어 있습니다.

• 고유의 특성과 고유한 판매 포인트[USP]에 대한 재고로써 위기는 기회이기도 합니다. 축소되고 있는 교회는 자신의 고유성을 재고하고 자신을 새롭게 세울 기회가 있습니다. 필요한 집중 과정은 교회가 USP를 더 명확하게 인지할 수 있도록 집중하는 데에 필요한 압박으로 도움을 줍니다. 필요한 집중 과정은 교회의 독자적인 특성에 속하지도 않는 낯선 것을 잘라내는 데에 도움을 줍니다. 살아남은 채, 없애기 힘들고, 더는 남아 있지도 않은 힘으로 버텨온 것과 이별하는 데에 도움이 된다는 말입니다. 이와 반대로 그 긴요한 집중 과정은 교회를 도울 수 있는데, 미래에 대비할 수 있고 자신을 지킬 수 있는 것을 강화하는 데에 도움이 된다는 것입니다.

• 관습 대신 확신: 연약한 교회는 더 적은 양일수록 더 높은 품질로 바뀐다는 약속을 발견할 수 있습니다. 지난번 교인 연구가 보여준 대로, 이미 교인들 사이에 양극화가 시작되었습니다. 반쯤 거리를 둔 교인으로서 믿음에 대해 그리고 교회에 대한 애착에 있어서 낮은 친화력만을 보이는 사람들, 다른 한편으로는 헌신적인 교인으로서 교회와 믿음에 높이 연결되어 있다고 믿는 사람들이 있습니다. 긍정적으로 말하자면, 종교적 다원주의 사회에서는 기독교 신앙과 기독교 공동체에 결단하는 사람이

적지만, 그것을 행하는 사람들은 훨씬 더 큰 확신을 두고 행한다는 것입니다. 이게 왠 선물이란 말입니까! 기독교 신앙은 관습이 아니라 확신의 문제입니다! 여기에서 완전히 다르게 번성할 수 있는 잠재력이 향상하고 있으니, 이를 촉진하고 발견해야 합니다. 그렇다면 더 작은 숫자는 단지 곤경이 아니라 오히려 기회입니다.

• 국민교회의 사실상의 종말을 받아들임: 약한 교회는 자신의 약점을 [오히려] 지지합니다. 이 교회는 자신보다 더 많아지려고 하지 않습니다. 이 교회는 더는 국민교회가 되려고 하지 않고 모든 사람을 포괄하려고 하지도 않습니다. 교회는 많은 지역에서 더는 그것이 아니고 조만간에 — 고립된 지역을 제외하고는 - 자발적인 교회의 특성이 있는 자유로운 교회 지위를 갖게 될 것임을 깨닫습니다. 구도자교회는 필요한 변화를 미루고 궁극적으로 더 어렵게 만드는 희망[고문]으로 자신을 위로하지 않을 것입니다. 교회는, 제한이 있기는 하겠지만 이렇게 계속 갈 수 있다는 인상을 주어서는 안 될 것입니다. 인기 있는 소품으로 사용된 말, "우리는 이미 50년 전에[도] 국교회의 종말을 선언했다. 그러나 그 교회는 여전히 있다"라는 말은 교회의 필요한 변화에 방해가 되며 도움이 되지 않습니다. 이 국민교회는

더 이상 존재하지 않습니다. 이 교회는 더는 1970년, 1980년 또는 1990년의 교회가 아닙니다. 그러나 그것은 전혀 비극이 아닙니다. 우리는 다만 그것으로부터 결론을 끌어내야 할 뿐입니다.

• 교회는 회원 감소를 막기 위해 선교하는 것이 아닙니다. 그들이 선교를 새롭게 발견한 경우에도 종교적 자기주장을 목적으로 하는 선교의 도구화에 대해서는 방어해야 합니다. 교회는 선교 사업에 종사하는 것이 아니라, 하나님의 삼위일체 선교에 관련 지은 만큼 교회에 주어진 힘으로 선교합니다.

• 교회는 더 이상 단지(!) 면적[지역 교구]을 기준으로 하는 그물망이나 제도적으로 규제된 목회 돌봄에만 의존하지 않습니다. 교인들이 그들의 사회 환경에서 사람들과 관계를 맺기 때문에 교회는 사람들 곁에 있는 교회입니다. 그것을 위해서 교회는 무장하고, 그것을 위해 교회는 준비하는 것입니다.

• 우리가 그리스도의 편지 되었다는 말씀(고후3:2f)은 교회가 중요한 기관임을 증명하는 다수라는 매력에 의존하지 않고, 인상적인 건물이나 현대적인 방식으로 진행되는 행사에 의존하지 않고, 복음이 그 안에서 살아 있고, 복음이 그들의 일상에서 형

태를 취하게 되는 '사람들'에게 의존하는 것을 말합니다. 당신들은 세상의 소금입니다. 당신들은 성령의 전입니다. 당신들은 살아있는 돌들의 집입니다. 당신들은 그리스도의 편지입니다. 무엇보다도 교회는 그리스도와 거의 또는 전혀 접촉하지 않은 사람들의 생활 조건 안에서의 만남, 관계, 축제 그리고 겸손에 의존합니다. 이것이 바로 교회가 그리스도의 제자도에 서 있다는 것이며, 교회로서 그 중추가 더 이상 제도가 아니라 살아 있는 공동체, 즉 살아 있는 유기체라는 것입니다. 교회는 가장 먼저 휴게소의 모양이며, 거기에 있는 사람들처럼 도상 중에 있는 사람들을 만나게 될 것이며, 그 사람들은 오리엔테이션과 인생 여정에서 도울 수 있는 사람들입니다. 그 교회는 (또한) 작은 세포들 안에서 성장하고, 역동적인 네트워크들 안에서 증식하며, 공동체의 일시적인 형태를 꽃피웁니다. 이 형태는 신속한 이동성과 부가적인 자서전을 강요하는 사회를 가져옵니다.

• 에큐메니컬 개방과 형제애: 약한 교회는 약한 것만으로도 에큐메니컬하게 열리는 공동체입니다. 교회는 더 이상 자유 교회와 독립적인 공동체 운동들을 경쟁자로 보지 않고 형제자매와 동맹자로서 봅니다. 교회는 Con[함께]의 힘을 발견합니다. 그들과 함께 교회는, 점점 더 세속화되고 기독교적 뿌리에서 멀

어지고 있는 사회에서 예수 그리스도의 복음을 표현한다는 공동의 목표를 추구합니다. 약한 교회는 더 이상 자신을 개신교인이 소위 당연하게 속해야 하는 "끝판 왕[왕좌를 취한 숫사슴]"으로 보지 않습니다.

6. 명예 실추를 기회로 보다

명백한 것은, 무엇보다 첫 세대에게 있어서, 그들은 다른 것을 경험했기에, 사회적 명예 실추는 사회의 중심에 서려는 교회를 민감하고 약하게 만듭니다.

• 인정받지 못하는 소수자에 대한 관심의 중요성의 상실과 이와 관련된 명성의 상실은 극도로 안도감을 주고 도움이 되며 신학적으로 중요한 반대 면이 있으며, 이 반대 면은 어떤 잠재력이 바로 이 상황과 관련되어 있는지를 알게 합니다. 명성이 별로 없는 교회는 명성이 손실될 것을 두려워할 필요 없이 소수자[열등한 사람]를 받아들일 수 있고, 기득권으로 자리잡은 엘리트들에 대해서는 혐오의 장벽을 높이 올릴 수 있습니다.

• 사도 바울처럼 "가시채를 뒷발질하기가 네게 고생이니라"(행 26:14c)는 말을 듣게 될 시스템에 대항한 저항이 있을 수 있습니다. 교회는 더 이상 "시스템이 중요"하지 않게 되었고 시스템에 통합되어야 하는 이유가 없기 때문에, 자유 급진적으로 시스템에 저항할 수 있습니다. 그러한 교회는 다음과 같이 부르시는 이의 제자도를 실현합니다. "너희 수고하고 무거운 짐 진자들아 다 내게로 오라"(마11:28).

교회는 성찰하고, 목양적으로 초기화하며, 끝까지 대화할 준비를 하면서, 교회가 대세에 가담하지 않거나 그것을 떠났을 때 교인을 잃을 것을 감수해야 합니다. 교회가 모든 사람을 다 끌어안을 필요는 없습니다. 그러나 교회의 과제는 인자를 좇아 그의 길에서 그의 깊은 곳까지 다다르는 것입니다. 비참한 사람, 모욕당한 사람, 권리를 박탈당한 사람, 물질적으로나 정신적으로 가난한 사람, "불안정한" 사람, "반동적인" 사람들에게 말입니다.

• 제자도 안에서의 정체성 형성: 그런 교회는 이론적으로 힘들게 정체성을 결정할 필요가 없고, 그것을 제자도 안에서 발전시킵니다. 교회는 살아 계신 하나님의 선교에 참여함으로써 그 자신의 권리로부터 그 자체의 의제를 가지고 있기 때문에 사회

적으로 별도의 관련이 있어야 할 필요가 없습니다. 기독교적 뿌리가 구속력이 없이 순전히 역사적 산물이 되는 환경에서 이것은 점점 더 소모적이고 힘들며 사회 환경에 성가신 일이 될 것입니다. 이교도 환경과의 그러한 비판적 논쟁의 과정은 기독교 공동체들이 그들의 프로필을 날카롭게 하는 데 항상 도움이 되었습니다. 그 과정들은 종종 전 세계에서 박해로 이어집니다. 그것은 교회를 종의 노래에서 말하는 것처럼 압력과 갈등 속에서 조금 비슷하게 만듭니다: "그는 고운 모양도 풍채도 없은즉, 우리가 보기에 흠모할만한 아름다운 것이 없도다"(사53:2b).

• 말 못 하는 사람들의 대변자 되기: 교회는 우리 사회의 광범위한 주류가 이미 자신의 것으로 채택한 사안을 대리하는 일을 단념합니다. [오히려] 교회는 우리 사회에서 로비가 없는 관심사, 사람 및 문제에 집중합니다.

그 스펙트럼은 [우리가 속한] 불안정한 삶의 환경 속에서 보이지 않고 잊힌 사람들부터, 불법체류자들을 위한 교회 망명자들에게까지, 그리고 이성 담론을 떠난 우익 포퓰리스트들을 위한 해석 시도까지 다양합니다.

• 국가 및 공중으로부터의 독립성: 교회는 국가와의 연결이

나 자체 기관들의 가시성에 의존하지 않습니다. 교회는 공동체 내에서 나온 헌신한 기독교인이 수행하는 프로젝트를 주도하고 조직합니다. 교회는 대중의 관심을 끌기 위해 경쟁하지 않습니다. 교회는 그 자리에서 이야기를 나눕니다. 교회는 그 가운데 구체적인 것을 합니다. 교회는 박수와 공공부조를 기다리지 않습니다.

• 교회는 숨길 것이 없습니다. 교회는 자신의 자금 사용 방식을 요약식 제목뿐만 아니라 더욱 상세하고 투명하게 밝히고 필요한 경우 비평적인 질문을 합니다. 교회는 [장부] 기호 이상의 기호를 만듭니다. 예상되는 경제 회복에다가 예상치 않은 자본 유입은 담보가 되는 각종 적립금으로 들어 넣지 않습니다. 교회는 대부분을 적립금보다는 사람에게 투자합니다.

7. 콘스탄티누스의 갑옷이 없는 교회

• 필요해 보이는 것을 붙잡으려 하지 않고 항상 가능한 것을 놓아버리는 교회는 약속이 있습니다. 손을 놓으면 손이 자유롭게 되고 다른 것, 새로운 것을 쥘 수 있습니다.

• 미래를 위협으로 보지 않고 기회로 보는 교회는 약속이 있습니다. 믿음의 조상 아브라함처럼(참조, 히브리서 11:8ff, 17f) 자신을 기다리고 있는 약속을 받으러 나서는 교회입니다.

• 실수를 인정해서 죄책을 벗는 것이 중요합니다. 회개하는 교회에는 약속이 있습니다: 행정적으로, 조직적으로, 정신적으로, 그리고 무엇보다도 영적으로: 과거의 실수를 인정하고 콘스탄티누스 시대에 짊어진 죄를 고백하는 교회입니다. 시대착오적으로 되지 않고, 비역사적으로 논쟁하지 않고, 교회는 다음과 같이 고백할 때 해방됩니다. 다른 사람에게 기독교 신앙을 강요하지 않고, 그들에게 — 국가적 통제로 보호되는 차원으로 — 교회의 생각, 행동, 말을 지시하지 않고, 자신을 도덕적 집행관이자 국가의, 신성하다기보다는 적법한 기구로 만드는 것은 복음의 영을 거스르는 일입니다. 교회의 목회가 권위로부터 이별하는 것은 위기가 아니라 오히려 기회입니다.

• 사도적 태도를 통한 해방: 사도적 태도를 취하는 교회는 약속이 있습니다. 교회가 가난해야 하는 이유는 그리스도 안에 그 이유가 밝혀져 있지요. "내가 어떠한 형편에서든지 자족하기를 배웠노니, 나는 비천에 처할 줄도 알고 풍부에 처할 줄도 알아

모든 일 곧 배부름과 배고픔과 풍부와 궁핍에도 처할 줄 아는 일체의 비결을 배웠노라, 내게 능력 주시는 자 안에서 내가 모든 것을 할 수 있느니라"(빌4:11b-13).

• 열린 소통을 통한 짐의 경감: 공개적으로 소통하는 교회는 미래가 있습니다. 상황이 어떠한지, 교회와 교인 됨이 장차 무엇을 의미할지, 이 상황에서 기회를 분명히 하는 교회에 미래가 있습니다.

• 미래가 있는 교회는 후퇴만을 보는 이들에게 그 지평을 열어줍니다. 우리가 시작하고 과거에 묶이거나 마비되도록 놔두지 않는다면 우리는 문자 그대로 미래가 있는 교회를 기대하며 희망 속에서 세워갈 수 있습니다.

• 너무 크고 무거워진 콘스탄티누의 갑옷을 벗으십시오. 그리고 사회 변혁의 전위대가 되십시오. 너무 무거워진 콘스탄티누스의 갑옷을 벗어 던지는 교회에는 약속이 있습니다. 더 가벼워진 무게로 새롭고 끊임없이 변화하는 상황에 움직이기 쉽고 유연한 방식으로 대처할 수 있는 교회에 약속이 있습니다. 실제로 더는 변화에 급하게 뒤쫓아 가지 않고, 오히려 발전을 주도

하고 기독교 신앙의 힘과 창의성을 사용하여 사회 변혁의 중요한 추세를 설정하는 교회에 약속이 있습니다. 더 이상 압도적으로 시스템 유지 관리에만 힘쓰지 않는다면, 미래의 추세를 설정하고 선로를 놓을 수가 있습니다. 개신교에 충분히 존재하는 디지털-세계주의, 사회적 거리두기를 설정한 사람들은 우리에게 이것을, 그리고 이것이 어떻게 가능한지를, 보여줍니다.

• 부유한 은사가 활성화되어야 합니다. 부여된 풍부한 은사를 활성화하고, 무엇보다 그들의 엘리트에게 단지 자유주의적-지적 분석이나 사변적인 것에나, 후기 물질주의 자극이나 해방주의적 주도권들이 휘두르도록 놔두는 것이 아니고, 사물을 형성하려는 의지에 공간을 부여하고 목표를 달성하는 방법을 아는 교회에 약속이 있습니다. 교회는 기민한 전위대를 교회의 선봉으로 통합하는 방법을 알고 있으며, 확실히 그것은 도전일 뿐만 아니라 당신을 움직이게 만드는 육체에 있는 가시이기도 합니다. 우리 교회에는 이것들이 다 있습니다. 이제 분명한 신호를 보내는 일만 남아 있습니다. 우리는 당신과 당신이 받은 은사를 원합니다.

• 개혁의 함정에서 벗어나야합니다. 개혁이지 단순한 변화(미

니개혁)만들이 아닙니다. 교회는 세부 사항을 수리하고 개별 문제를 수정하는 정도를 가지고, 전체에 해당하는 긴요한 변화를 방해해서는 안 됩니다. 오래된 땋은 머리를 자르는 것만으로는 충분하지 않습니다. 전체적으로 볼 때 어느 정도 유선형으로 만드는 것뿐이니까요. 개별적인 방해 요소들을 제거하는 것만으로는 충분하지 않습니다. 살아남은 체계를 이처럼 부분 제거를 통해서 그 체계의 생존능력 안에서 공고히 만들뿐이니까요. 신흥 교회는 수십 년 동안 작동해 온 이 개혁 함정을 경계할 것입니다.

• 위기 대응 계획을 확보해야 합니다. 교회는 위기에 대응해서 계획을 안전하게 하고는 초기 단계에서 필연적으로 무리한 요구에 직면하게 됩니다. 교회는 수십 년 넘게 조금씩 실현해오던 삭감 프로그램을 면하게 되고, 지역교회들은 항상 새로운 계획들로 지치게 되는 것을 면하게 됩니다. 교회는 교회 사역에서와 직원들 내에서, 교회가 모든 영역에 있어서 자신을 약화하는 것이 무엇인지를, 그리고 어떤 기회가 이 과정에 놓여있는지를 지속해서 명확히 하게 될 것입니다.

• 모두를 위한 효율적인 자금 사용을 해야 합니다. 더 많은 자

원 정의와 더욱 효율적인 자금 사용을 위해 노력하고, 이러한 재정적 관점을 사용하여 더 이상 "구제하는 교회" 차원에 머무는 것이 아니라 새로운 삶의 세계에 접근하는 개척자적인 교회가 될 것입니다. 교회는 소수의 회원만이 사용하고 대다수 회원이 전혀 관심을 가지지 않는 구제 중심의 구조를 유지하기 위해 많은 재정 및 인적 자원을 사용하지 않을 것입니다.

• 전환 1단계: 교회는 우회로를 놓습니다. 전통이, 편안함이 혹은 시스템의 관성이 혁신을 늦출 때 교회는 우회로를 놓을 것입니다. 교회는 시스템 내에서 장애를 제거하거나 혹은 시스템을 우회합니다. 교회는 시스템과 싸우지 않습니다. 그렇지 않다면 에너지 낭비와 교회 자기 자신의 일에만 매진하는 새로운 형태가 될 뿐일 것입니다. 교회는 말 그대로 그것을 다룰 뿐입니다. 예를 들어 교회는 더 이상 교회 상부기구[총회본부]에서 어떤 규칙을 적용해서 어떤 규정으로 가정 성만찬을 허락하는지 묻지 않을 것입니다.

교회는 그냥 단순하게 어디서, 어떻게, 언제라도 성찬을 베풉니다. 그래서 교회는 전환 단계에서 혼합 형태를 가능하게 하는 프로세스를 시작하게 됩니다.

• 전환 2단계: 평행 세계를 허용합니다. 신흥교회는 종종 변화에 저항하는 전통적인 교회가 새로운 규칙과 활동 여지를 열 때까지 기다리지 않고 (아마도 너무 늦을 가능성이 크기 때문에), 기존 교회들 가운데에서 생활 환경에 맞춘 교회들을 개척하고 또 한 번 완전히 다른 사람들을 위한 교회가 될 것입니다. 신흥교회는 오래도록 질문하는 대신에 사실과 구조를 만듭니다. 이 교회는 제도 기구 내에서 합의를 도출해내려고 하겠지만, 거기에서 별 관심을 받지 못한다고 해서 낙담하지 않습니다. 신흥교회는 인습적인 교회 한가운데서 하나의 다른 교회를 개간하고 세웁니다. 이 교회는 자신이 보여주는 것을 통해 의미를 얻고, 전체 교회 차원에서 의미가 있는 교회가 됩니다. 이 교회는 자신을 더 넓은 교회 공동체의 일원으로 여깁니다. 자기 고유의 자극을 통해 결실을 보기를 바라며, 자기 자신이 전체 교회로부터 장려될 때 감사합니다. 그러나 이 지역교회는 독립적이기 때문에 교회 지도부의 승인에 의존하지 않습니다. 이 교회는 이집트의 고기 냄비들에 대한 그리움에서 벗어납니다. 이 고기 냄비들은 또한 매혹적이며 사람들은 그것에 대한 권리가 있다고 생각할 정도입니다. 이 교회는 필요한 경우 별도의 형태로 목표를 추구할 수도 있다고 확신할 수 있습니다.

• 전환 3단계: 논리들의 전환: 교회가 제도론적 관점이나 법적 관점을 제거할 수는 없겠지만 그것들로부터 규제 측면에서의 지배적인 의미는 제거할 것입니다. 이 교회는 자주 모든 것을 지배하는 질문에 의해서 지배되지 않을 것입니다. 우리의 규칙이 이것을 허용합니까?하는 따위의 것들 말입니다. 그렇게 교회는 머릿속에 있는 확연한 (더 나쁘게는 무언의) 가위에 의해 마비되지 않을 것입니다. 그것이 시스템에 맞습니까?라는. 교회 법령과 규칙은 어떤 활동공간을 제공합니까? 교회는 그러한 선례를 뒤집고 오히려 반대로 질문하게 될 것입니다. 이전에 유효했던 것 중 미래에 여전히 도움이 될 수 있는 것은 무엇입니까? 방해하고 지연시키는 바닥짐은 무엇이겠습니까?

• 개혁 논리의 우선순위를 정해야 합니다. 교회는 비평적으로 그리고 공격적으로 묻고 질문하게 됩니다. 개별 교회의 구조들 뒤에 어떤 시스템 논리들이 있습니까? 교회는 이제 그들에게 신학적으로 다른 논리를 적용할 것입니다. 구제의 논리에서 책임과 독립의 논리로 바뀔 것입니다. 안전 지향을 가진 통제의 논리를 개척의 논리가 대신할 것입니다.

• 오류가 없는 것은 아니지만 기꺼이 오류를 받아들일 수 있

어야 합니다. 교회는 오류가 없는 것은 아니지만 오류를 기꺼이 받아들이는 환경을 만들 것입니다. 더 이상 자신을 방어할 필요가 없이 말입니다. 기운을 소모하는 방어 자세에서 나오는 행동을 하지 않으면서 말입니다. "게으른 종"(마태 25:24이하)처럼 아무 위험도 감수하지 않는다면, 자기를 정당화해야 할 것입니다. 그게 아니고 "안전하게" 처신하고 "모든 것이 잘 되어 있다"고 말이지요. 사람이 무언가를 실험해보고 시도했을 때 그래서 그것이 잘못되었을 때라도 사람은 인정을 받게 되는 것입니다.

• 성공과 사랑에 빠질 자세를 취합니다. 교회는 자신감과 자기 효능감의 경험을 강화할 것입니다. 교회는 알고 있습니다. 성공적인 프로젝트는 이익을 얻는 프로젝트라는 것을 말이지요. 교회는 각성의 이야기와 경험을 통해 다른 사람들에게 영향을 미치고 감염시키고 영감을 줄 사람들을 모으고 그들의 힘을 묶을 것입니다.

• 이야기식의 문화가 이루어져야 합니다. 교회는 무역 박람회장과 시장, 무역 구역 및 포럼처럼 끓어오르며 사람들에게 무엇이 가능하고 무엇이 잘 되는지, 그리고 또한 무엇이 그렇지 않은지를 서로 이야기하는 곳이어야 합니다. 관점, 기술 및 경

험을 가진 매우 다른 직업들이 만나는 곳이고, 아이디어를 교환하고 독창적인 보완으로서 서로를 발견하게 됩니다.

• 유효한 기준이 있어야 합니다. 교회는 교회법적 합법성에 의존하지 않고, 교회가 한눈에 알 수 있고 알아볼 수 있는, 거기에서 사람들이 집과 피난처, 삶의 도움을 매우 다양한 방식으로 찾을 수 있는, 구원의 땅이라는 것으로부터 정당성을 끌어낼 것입니다.

• 개척자, 공연예술가, 기업가를 위한 자유 공간들이 되어야 합니다. 교회는 새롭고 다양한 직업을 위해 자신을 열게 됩니다. 교회는 교회 개척자, 기업가, 공연예술가, 개척자뿐 아니라 부양자, 살림꾼, 목회상담가를 고용합니다. 아직 교회 구조가 없는 곳에서도 새로운 지역에서 시작할 수 있는 사람들을 모으고, 새 주택 단지의 중심에 교회를 세웁니다. 교회 공동체와 가깝지 않은 삶의 세계로 들어오는 사람들, 그들은 개척자로서 새로운 형태의 기독교 신앙 표현을 위한 새로운 공간을 창조하거나 개척합니다. 이런 식으로 교회는 이전에 교회를 박물관 성격의 품질에 더 가깝다고 확정해오던 사람들에게 매력을 얻고 있

습니다. 교회는 적합하지 않은 은사(조니 베이커[2])를 가진 사람들을 모으기 위해 애쓸 것입니다. 시스템에 맞지 않고, 개혁을 통해 교회의 새로운 형태를 만들어내려는 사람들 말입니다. 교회는 특히 단지 후기 물질주의적 배경을 가진 부모의 집에서 자라나지 않은 후세를 모집하려고 노력합니다. 이렇게 쇄신하는 교회는 새로운 신학 교육을 요구합니다. 적어도 이제까지의 내용을 보충하는 교육 말입니다.

• "양보다 질"이라는 개신교적 특징을 원합니다. 교회는 가능한 한 광범위하고 양적으로 관심을 쏟는 출석 현존을 포기할 것입니다. 더 이상 지역에 개신교가 운영하는 어린이집 수가 얼마나 되는지가 결정적이지 않고, 그 대신 얼마나 많은 어린이집이 얼마나 많은 그룹을 가지고 개신교답게 운영되는지, 그래서 사람들이 거기서 복음이 무엇이고 실천적 믿음으로 사는 것이 어떤 것인지를 알아볼 수 있고 경험할 수 있느냐가 중요한 것이지요. 줄어드는 자원은 모든 영역을 다 커버하는 참여를 원하지 않고, 특징적 역할을 보여주는 등대 프로젝트를 선호하고, 본보

---

2)　역자 주: Jonny Baker 브리튼 허브 선교 책임자로 교회선교협회(Church Mission Society)에서 20년 동안 얻은 정보를 공개하고, 교회보고서로서 드물게 베스트셀러 작가가 된 영국성공회 커뮤니케이터로서 최근 대표작에는 〈변화하고 있는 설교〉, 〈내일의 예배〉, 〈내일의 교회〉, 〈파이어니어로 살아가기〉, 〈파이어니어-누구인가요?〉 등이 있다.

기가 되는 계획을 실천하도록 자극합니다. 거기에서 사람들은 각 사람을 하나님이 사랑하시는 하나님의 형상으로 이해하는 것이 무엇을 의미하는지 읽을 수 있을 것입니다. 그러면서 교회는 디아코니아 영역에 집중합니다. 이 영역은 아직 다른 기관들로부터 광범위하게 경작되지 않았고, 그렇지만 그 영역에서 특별한 사회적 곤경과 도전을 알아볼 수 있는 곳입니다. 그리고 교회가 교회의 자금 사용을 그곳에 집중하기 때문에 적절한 주도권을 교회는 자극할 수 있고 지원할 수 있습니다.

• 부동산에 대한 첫 번째 생각입니다. 부동산보다는 사람에 투자하라는 것입니다. 이 교회는 벽돌로 부자가 되는 것이 아니라 사람으로 부자가 되려고 한다는 것을 소통하고 깨닫습니다. 공간이 사람을 만들고 사람이 공간을 만든다면 사람과의 만남을 위한 교회의 공간은 여전히 매우 중요합니다. 부동산을 합리적이고 만족스럽게 사용할 수 있는 곳, 말하자면 교회 건물들이 재정적으로 운영되는 곳에서, 상당한 재정 및 인적 지출도 정당화될 수 있습니다. 교회가 환대하는 자세를 보이고 다른 그룹에 문을 열면 지역 사회로 퍼져나가 복음이 흐를 수 있는 관계를 형성하게 됩니다. 이렇게 쇄신하려는 교회는 막대한 자금과 에너지가 부동산 유지와 보수에 매인다는 사실을 아주 새롭게

재고할 것입니다. 부동산은 부동하게 만듭니다. 특히 농촌 지역에 여전히 적용되는 것은, 세워져 있는 모든 교회에서도 예배를 드려야 한다는 생각입니다. 그래서 그것이 그러한 계기가 될 수 있습니다. 불필요하게 에너지를 묶어두고 더 이상 충족할 수 없는 기대에 부채질하는 경우를 다양하게 경험하게 되는 것이지요. 그렇게 되면 부동산에 대한 집착으로 좌절감이 커지고 유망한 것에 대한 집중력이 봉쇄됩니다.

• 부동산에 대한 두 번째 생각입니다. 소유하는 것보다 임대하는 것이 낫습니다. 자기 자본을 현명하게 사용하는 교회는 어디에서 부동산이 쇄신을 멈추게 하고 가로막고 있는지 조사할 것입니다. 교회는 공간도 임대할 수 있으며, 비즈니스 관점에서 볼 때 임대하는 것이 때때로 그리고 장기적으로 대체로 소유하는 것보다 저렴하다는 것을 알고 있습니다. 따라서 쇄신하는 교회는 새로운 부동산에 대한 건축을 동결하고, 가능하고 합리적일 때 기존 부동산을 매각하려고 시도합니다. 이 교회는 네덜란드 개혁교회의 사례를 듭니다. 그 교회는 더 이상 부동산을 소유하지 않고 임대해서 사용합니다. 여기에는 상당한 이점이 있습니다. 새 건물, 특히 유지 관리에 훨씬 적은 자금이 소요됩니다. 변화하는 상황에 유연하게 적응할 수 있습니다. 교회는 민

첩하게 반응할 수 있습니다. 그리고 무엇보다 사람들에게 투자할 수 있는 자금을 사용할 수 있습니다.

• 부동산에 대한 세 번째 생각입니다. 클럽하우스의 제한된 매력에 관심을 둡니다. 쇄신하는 교회는 단지 소수의 교인만이 사회학적 관점에서 클럽하우스의 기능을 가진 교육관에 관심이 있다는 것을 깨닫습니다. 널리 퍼진 교회적 합의와는 달리, 교육관은 교회 공동체 생활의 초점이 아니라, 10개의 환경 중에 두세 개 환경을 위한 매력 포인트입니다. 교회는 생활환경 연구를 통해서, 많은 사람에게 있어서 교회 건물은 유용한 장소가 아니라는 것을 알게 됩니다. 이 교회는 석재나 콘크리트로 된 거대한 교회 건물을 잠깐의 시간을 위해 사용하는 것이 에너지 사용에 있어서 무책임하다는 통찰을 합니다. 이 교회는 문화재를, 영적 영향력을 느낄 수 있는 중요한 센터들까지 팔아넘기기를 시도하면서, 기념물 관리를 국가가 재정적으로 감당할 것을 요구합니다. 교회는 교회 건물을 수리하는 대신에, 프로젝트 관련한 50%짜리 디아코니아 일자리를 만드는 것을 선호합니다. 교회가 여전히 자체 부동산을 운영하는 곳에서는 교회가 그 부동산을 시민 사회 단체가 사용할 수 있도록 개방합니다. 교회 부동산들은 작은, 점점 더 축소되는 소수자들에게 있어서 우리

사회 기독교적인 것의 걸림돌입니다. 필요하면서도 많은 곳에서 여전히 존속하는 장례 예식은 교회의 존재를 순례하는 하나님의 백성으로서 특징지어 교회에 집중하는 계기가 될 수 있을 것입니다.

• 대안적인 삶의 세계와 관련된 주소를 지정합니다. 미개척인 삶의 세계로 개간해 들어가는 교회가 모든 것을 할 수는 없습니다, 무엇보다 점점 얇아지고 바닥이 드러나는 교구적인 네트워크를 유지하기 위해서 한다면 말입니다. 교회는 오히려 더 강하게 목적 그룹을 수취인으로 삼아야 합니다. 교회 공동체와 가까이 살지 않지만 그럼에도 불구하고 자신이 교회, 신앙 및 하나님과 연결되어 있다고 알고 있는 대상 그룹에 대해서 말입니다. 교회는 이것을 대상 그룹 및 생활환경 관련 전문 분야의 추가 차별화를 통해 촉진합니다.

• 새롭고 다른 직업들에 대한 개방: 풀 타임 및 파트 타임 전문가 그룹의 복수화를 통해서 교회는 완전히 다른 방식으로 나누어진 생활 세계로 뻗어나가서, 차등을 둔 도킹의 기회를 제공합니다. 특별 임무는 다양한 생활환경에 할당되어서 봉사하는 것으로 수행됩니다. 서로 다른 삶의 세계로 나아가는 교회는 다

양한 이니셔티브, 프로젝트 및 출발이 지속 가능한 교회의 새로운 표현이 되도록 이전보다 훨씬 더 많은 노력을 기울일 것입니다.

• 공무원과 유사한 급여로부터의 전환: 열린 교회는 조만간 공무원법과 유사한 교회 신학자들의 급여와 복지후생을 유지할 수 없다는 것을 알고 있습니다. 교회는 어려움 가운데 오히려 창업단체를 지원하는 미덕을 만들어 내는 것입니다. 창업단체들이 스스로 급여의 나머지 부분을 감당할 경우에, 교회가 그 비용의 50%... (또는 사회보장 기여금 또는 연금 적립금 등)를 부담하면서 말이지요. 교회가 운영하는, 부수적이고 자원봉사를 기반으로 마련된 일자리들도 더 이상 모래와 같다거나, 미안함을 느껴야하는 "불규칙 동사"같은 것이 아닙니다. 모래와 같은 것이 아닙니다. 미안해해야 하는 "불규칙 동사"도 아닙니다. 오히려 그것은 참여성이 매우 높은 그리고 과제에 직접 연관된, 구도자 교회를 이루는 중추입니다. 일자리를 만드는 데에 있어서 교회는 매우 창의적입니다. 급여 분할(4× 25% 또는 5×20%)을 통해 교회는 특정 분야에서 자원봉사자들을 지원 및 인정하고 강조점을 설정하고 사용된 물질적 자원의 효과를 배가할 수 있습니다. 그렇게 취직된 구성원들이 아주 일반적인 기독교인들로서 아주 일반적

인 시민적인 직업에 초점을 맞추면 하나의 공동체가 더욱 견고해지고 그 광휘력이 높아집니다.

• 전통적인 특권의 포기: 열린 교회는 전해 내려오는 특권과 사실상의 종교적 독점을 뒤로합니다. 열린 교회는 그렇게 해서 왕좌와 제단[국가와 교회] 사이에 맺어온 수백 년의 결혼으로 자신을 유죄로 만들었다는 고백에 신빙성을 부여합니다. 콘스탄티누스 시대를 뒤로한 열린 교회는 종교적, 제도적 자기주장을 목적으로 국가의 집행관이 된 것은 개신교적이지 않다고 고백합니다. 구체적으로 이것은 다음을 의미합니다:

• 종교 교육에 대한 비판적 평가: 교회는 자신이 여전히 개신교 종교 교육을 통해 사람들을 각인할 수 있는 힘을 가지고 있는지, 아니면 세속적이고 다종교적인 사회에서 교회가 정규 과목으로서의 종교를 포기하고 믿음의 공동체 안에서 특화된 가능성을 찾으라는 더 분명한 신호가 아닌지를 질문할 것입니다. 교회가 영향을 미칠 수 있는 한, 교회는 국가가 운영하는 학교에서의 주둔하는 수단을 포기해서는 안 됩니다. 이데올로기적으로 중립적인 국가와 다종교와 비종파주의로 특징지어지는 사회를 위한 교육과정은 기독교 신앙을 확실하게 전달하는 종교

교육의 가능성을 현저히 감소시키는 것으로 보이며, 특히 교육 과정 세부 사항이 시행될 때 그러합니다.

• 강하게 교회적인 단과대학들과 종합대학 철학부들에 주둔 하는 교회에 대해 숙고해야 합니다. 교회는 계속해서 국립대학 에서 성경과 종교 개혁 신조에 기초한 개신교 학술 신학부를 유 지할 영적 힘과 신학적 의지가 여전히 있는지를 계속해서 질문 할 것입니다. 교회는 하나님의 실재를 아는 일꾼이 필요합니다. 그러나 현대 과학 개념에 기초한 신학은 신 개념을 배제해야 합 니다. 열린 교회는 이것에 대해 생각하고 결정해야 합니다, 반 복해서 단지 하나님의 이미지만을 만들어내고 있는 신학에 그 들의 후손의 학문적 훈련을 맡길 것인지에 대해서 말입니다. 신 학에 그들의 학문적 후손의 훈련을 맡기고 싶은지 말입니다. 상 응하는 국가와 교회 간의 계약을 포기하고 문학의 세계에서 다 른 종교와 실제적으로 경쟁하면서 더 적절한 형태의 증거에 참 여하는 것이 그들의 새로운 지위에 대한 더 분명한 신호일 수 있습니다. 교회가 운영하는 고유한, 강력한 단과대학들과 철학 부의 틀 안에 몸을 담고 있는 상황에서 다른 전공 및 영역들을 직접 상대했을 때, 상대방과의 대화에 준비되어 있고 대화에 유 능해야 합니다. 오늘날의 연구에서 세계관적으로 중요한 재단

의 석좌교수직이나 현행 연구의 세계관적으로 중요한 중추적 지위에 있는 재단의 대학교수직과 강사위촉이 빈활히 발생한다면 그것은 신학에 효과적으로 도전하고 활력을 줄 수 있으며 동시에 학문적으로 대학 수준에서 복음의 영향을 증대시킬 것입니다.

• 국가적인 교회세 징수 포기: 교회는 묻게 됩니다. 교회를 위한 세금을 국가적 기관을 통해 사람들에게서 받아들이게 하는 것이 의미가 있고 적절한지를 말이죠. 그 사람들은 반복해서 공식적으로 교회와 이별하는 것을 잊었을 뿐인데 말입니다. 그리고 이에 대한 행동이 개신교회를 위한 분명한 표시가 되지 않을까요? 관청처럼 세금을 부과하는 것이 아니라 교인들의 자발적이고 반사적인 지지에 의지하는 것 말입니다. 투명한 자금 사용, 의미 있고 긴요한 기부에 대한 논의, 그리고 마지막으로 중요한 것은 헌금에 대해 스스로 결정을 내릴 수 있는 가능성이 궁극적으로 교회와의 일체감을 증가시킨다는 것입니다.

• 유연한 회원제 운영 모델: 또한 회원권을 개정할 것입니다. 시험 삼아 제한된 시간을 허가하는 회원권은 어떨까요? 제한된 권리와 의무를 수행하는 것이지요. 사람들이 하고 싶은 강조점

에 따라 개별적으로 선택할 수 있는 다양한 참여 형태의 멤버십은 어떻습니까? 스위스의 개혁교회에서 행하는 것처럼 처음에는 기본적으로 세례 없이도 가능한 회원권은 어떻습니까? 일시적으로만 가입할 수 있고, 일시 중지할 수 있고, 원할 경우 계속해서 갱신해야 하는 멤버십은 어떻습니까? 그렇게 한다는 것은 그 회원권이 중요한 것으로 여겨진다는 말이 되지 않겠습니까? 멤버십을 보다 유연하게 만드는 것은 또한, 처음에는 장기적으로 얽매이는 것을 원하지 않고 선택권을 갖고 싶어 하는 포스트모던 사고방식을 수용합니다. 기존 규칙은 많은 사람이 원하지 않고 그런데도 건너뛸 수는 없는 장애물이기에 이것에 매이기 전에 이것을 경험해 보려는 것입니다. 그러나 마지막으로 중요한 것은 그러한 회원 모델이 자발적, 의사 결정, 성찰 및 의식적인 접근에 의존하기 때문에 신학적으로 더 적합하지 않습니까? 이것을 두려워해야 하는 교회는 정말 슬픈 교회입니다.

요약

단지 약한 교회만이 미래가 있고, 그 교회는 다음과 같습니다.

- 과거에 짊어진 죄를 인정하고 따라서 교구 권력의 상실에 대해 예라고 인정하는 교회입니다.
- 더 이상 자신을 참되고 옳고 선하고 아름다운 것의 현존이라고 주장하지 않는 교회, 자기 자신으로부터 떨어져서 그리스도에게로 가는 길을 가리키는 교회입니다.
- 자신으로부터 또는 자신을 위해서 존재하지 않는 교회, 자신을 주장하지 않고 자신을 목적으로 삼지 않는 교회입니다.
- 더 이상 자신이 유일한 타당성과 최고의 자리에 있다는 태도가 필요하지 않은 교회, 형제와 자매를 발견하고 그들과 함께 앞으로 나아가는 교회입니다.
- 어떤 종류의 권력 수단에도 의존하지 않고 지극히 높으신 분의 함께 하심과 존속을 약속하심에 의존하는 교회입니다.
- 기본이 마련되어 있지 않은 상태에서 살고 생각하려는 교회입니다.
- 콘스탄티누스의 갑옷을 벗어버리고 "가볍게 되어서" 떨치고 일어설 수 있는 교회입니다.
- 돌[건물]에 투자하지 않고 사람에게 투자하는 교회입니다.
- 더 이상 제도의 논리에 얽매이지 않는 교회, 언제나 그리스도에게서 새롭게 영감을 받아서 삼위일체 하나님의 선교에 들어서는 교회입니다.

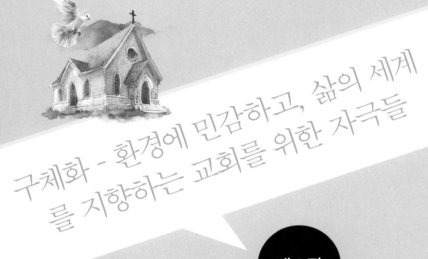

구체화 - 환경에 민감하고, 삶의 세계
를 지향하는 교회를 위한 자극들

제 3 장

제 3 장

구체화 - 환경에 민감하고, 삶의 세계를 지향하는 교회를 위한 자극들

"각 사람이 자기의 언어로 말하는 것을 듣고"(행2:6b)

환경에의 민감성이라는 관점은 가톨릭 자매교회에서는 확고한 역할을 하지만, 개신교에서는 여전히 부차적인 역할을 하고 있어 너무 적은 관심을 받는 형편입니다. 그러나 이 환경적 관점은 교회 개혁을 위한 보편적인 수단이 아닙니다. 교회 환경 연구가 구원의 메시지인 복음의 역할을 맡는다면 그것은 과도한 요구가 될 것입니다. 게다가 환경적 관점은 특정한 대상구성만을 제시할 뿐, 즉 사회과학적 모델만을 제시할 뿐 교회를 그 자체대로 묘사하지 않습니다. 그것은 확실히 교회가 어떠해야 하는지, 즉 표준화된 진술을 말할 수 없습니다. 그러나 교회 환경 연구는 그렇지 않으면 보이지 않는 것을 볼 수 있도록 가르치는 "인식 보조 장치" 역할을 잘 수행할 수 있지요. 그것은 (a) 관찰 가능한 적자 지표와 상관관계가 있는 사실을 분석적으로 밝혀냅니다. 교회 환경 연구는 교회 생활과 교회 헌법(이중의 의미에서)을 교회뿐만 아니라 종교-사회학적 지평에 더 넓게 배치함으로써 (b) 해석을 자극합니다.

마지막으로, 그것은 교회의 닫힌 반향실을 초월하는 데 도움이 될 수 있는 커뮤니케이션 모델에 자극을 줄 수 있습니다. 교회가 자신을 바라보는 또 다른 지평이 또한 도발적인 통찰로 이어진다는 사실은 많은 불쾌감을 불러일으켰습니다. 그러나 우리가 어떻게 대처하느냐에 따라 이것은 생산적이고 창의적인 효과를 낼 수도 있습니다.

1. 파편화된 환경의 사회 속에 있는 분절된 환경의 교회

a) 숫자: 통계적 발견

2010년 모델에서 생활 세계 분석의 선두주자인 사회 및 시장

연구 기관 SINUS는 독일 연방공화국 사회에 대해 10개의 환경을 (의미 있게 추가할 수 있는 3개의 하위 환경을 더해서) 구별합니다.

상류층/중상류층	Sinus AB12 보수적 안정된 환경 10%	Sinus B1 자유주의 지식인 환경 7%	Sinus C1 연출가의 환경 7%	Sinus C12 탐험적 환경 6%
중류층		Sinus B12 사회생태계적 환경 7%	Sinus C2 적응하는 실용주의적 환경 9%	
중하류층/하류층	Sinus AB23 전통적인 환경 15%	Sinus BC23 쾌락주의적인 환경 15%	Sinus B23 부르주와 중간층 14%	
		Sinus B3 불확실한 환경 9%		

	A		B		C		
사회 형편/ 기본 오리엔테이션	전통에 뿌리 박은 "집착"	현대화된 전통 "보전"	생활 수준, 신분, 소유 "소유와 즐김"	자기 실현, 해방, 확실성, "존재와 변화"	다중 선택, 가속화, 실용주의 "행위와 경험"	탐구, 재 초점, 새로운 합성 "경계를 넘어섬"	
	전통		현대화/ 개인화		방향 전환[재 지향]		

환경	보수 적-확고 ET[1]	자유 지식 인층 LIB[2]	수행자 PER[3]	신속한 EPE[4]	부르주 와 중간 BÜM[5]	사회-생태 학적 SÖK[6]	적응-실용 적 ADA[7]	전통 적 TRA[8]	불확 실한 PRE[9]	쾌락 주의 적인 HED[10]
전체 주민 에 대한 환경 의 몫	10%	7%	8%	8%	13%	7%	11%	11%	9%	15%

1) Konservativ-etabliert
2) Liberal-intellektuell
3) Perfomer
4) Expeditiv
5) Buergerliche Mitte
6) Sozial-oekologisch
7) Adaptiv-pragmatisch
8) Traditionell
9) Prekaer
10) Hedonistisch

두 개의 큰 교회[가톨릭과 개신교]에서 환경 분열이 계속되고 있습니다. 교인 전체에서 각 환경의 비율은 다음과 같습니다:

환경	보수적-확고 KET	자유지식인층 LIB	수행자 PER	신속한 EPE	부르주아와 중간 BÜM	사회-생태학적 SÖK	적응-실용적 ADA	전통적 TRA	불확실한 PRE	쾌락주의적인 HED
교인에 대한 환경의 몫	11%	7%	8%	8%	13%	7%	11%	14%	8%	13%

10개 환경 중 4개(TRA, BÜM, KET 및 SÖK)는 합해서 독일 전역에서 45%입니다. 지금까지 독일 지역 교회에 대해 수행된 유일한 연구에 따르면 바덴[주 교회와]과 뷔르템베르크[주 교회](EKiBa 및 ELKWü)에 있는 개신교 지역교회에 대해 매우 다른 발견이 있습니다. 여기에서 이 네 가지 환경은 교인의 70%를 포함하는 정신적 블록을 나타냅니다. 10개의 환경 중 6개가 나머지 30%를 공유합니다.

각 환경에서 프로테스탄트의 비율은 모든 생활환경에서 여전히 상당합니다. 개신교는 여전히 각각의 환경에 닻을 내리고 있습니다. 각 환경에서 개신교의 비율은 다음과 같습니다:

환경	보수적-확고 KET	자유지식인층 LIB	수행자 PER	신속한 EPE	부르주와중간 BÜM	사회-생태학적 SÖK	적응-실용적 ADA	전통적 TRA	불확실한 PRE	쾌락주의적인 HED
각 환경에 대한 개신교인의 몫	38%	32%	34%	35%	36%	33%	37%	39%	32%	31%

우리 사회는 끊임없이 변화하고 있습니다. 어떤 환경은 성장하고 있고, 다른 환경은 쇠퇴하고 있습니다. 주로 교회 생활을 지원하는 환경인 TRA와 BÜM은 특히 쇠퇴하고 있습니다. 다음은 2030년까지의 지역 추세입니다.

환경	보수적-확고 KET	자유지식인층 LIB	수행자 PER	신속한 EPE	부르주와중간 BÜM	사회-생태학적 SÖK	적응-실용적 ADA	전통적 TRA	불확실한 PRE	쾌락주의적인 HED
2025	11%	9%	8%	11%	11%	8%	11%	6%	5%	17%
2030	10%	9%	9%	14%	12%	7%	12%	4%	5%	17%

"사회"는 추상적 개념입니다. 우리 사회는 삶의 세계 측면에서 파편화되고 분절되어 있습니다. 환경 모델은 이것을 묘사하려고 합니다. 사회도 단순히 "포스트모던"이 아닙니다. 그것은 전근대, 현대 및 포스트모던 사고방식을 포함합니다. 이는 기본적인 지향성이나 기본적인 사고방식은 서로 공존하며 경쟁한다는 뜻입니다.

"정상적"이거나 심지어 규범적이라고 할 수 있는 획일적인 생활환경은 없습니다. 사회 문화적 반향실, "환경", "같은 생각을 가진 사람들의 그룹"(Burzan)이 등장합니다. "째깍째깍 소리를 내듯이" 그들은 함께 있습니다. 닫힌 소통 공간의 특성은 당신이 사는 것이 정상적이라는 것과 규범을 유지한다는 것을 의미합니다. 이것은 기독교 국가로서 국민교회의 영역에서도 다르지 않습니다.

모든 환경에 교인들이 있습니다. 그러나 교회 생활은 주로 TRA, BÜM에 의해 결정되며 KET 및 SÖK에 의해서는 덜 결정됩니다. 교회가 "로마-가톨릭 지역에서는 2-3 환경에서만, 그리

고 개신교 교회 집수 지역에서는 3-4 환경에 있는 사람들에게만
도달합니다.

KET, BÜM, TRA 및 SÖK는 개신교 교회에서 비교적 균일한
정신적 초점을 형성합니다. (포스트)현대인일수록 주어진 교회 공
동체 생활에서 멀어집니다.

추세는 분명합니다. 소위 C-기둥의 4개 환경은 "재 지향" 영
역에서 다시 찾을 수 있습니다. 또한 포스트모던하고 다원적인
방향을 가지고 있으며, 이제 인구의 절반 이상을 구성합니다.
무엇보다 그 TRA는 극적으로 계속해서 쇠퇴할 것이고, 반대로
HED, ADA, EPE와 같이 여전히 성장하고 있는 미래 환경은 교
회 생활에 이질적이고 멀리 떨어져 있는 환경에 속합니다. 국민
교회의 기초가 무너지고 있는 것입니다.

환경들은 서로를 구별함으로써 정체성을 얻습니다. 환경들은
구별의 경계("혐오의 장벽")에 의해 서로 분리됩니다. 이 불안한 인류
학적 또는 사회심리학적 발견은 교회에도 적용됩니다.

교회 공동체의 경험적 형태는 항상 특정한 사고방식과 특정

한 환경에 의해 형성됩니다. 교회 공동체들은 일반적으로 하나의 환경에 의해 지배됩니다. 그들은 환경에 특화된 제안으로 환경 공동체를 형성합니다. 예배로부터 시작해서 프레임을 갖춘 다른 행사를 넘어 음악과 설치, 건축에 이르기까지 말입니다. 그 결과는 교회가 "환경으로부터 사로잡힘"입니다(W. Huber). 교회 직원과 교회가 제공하는 것 모두 정신적으로나 삶의 영역에서나 좁게 인도되는 것입니다.

"제 생각에 많은 교회 공동체들이 (예외는 있지만) 실제로 남성 합창단과 같은 폐쇄된 클럽(...)이 되었다고 생각합니다. 어디서 계속 후계자들을 구할 수 있을지의 문제 앞에 부딪힌 클럽들 말입니다. 본래 이 남성 합창클럽에 말했어야 할 것입니다. 즉 너 자신을 좀 돌아보라고 말이지요. 네가 무슨 노래를 부르고 무슨 노래를 안 부르는지, 네가 어떻게 노래 부르고 어떤 식으로 안 부르는지, 네가 어떤 교제를 만들고 있고 어떤 교제를 안 만들고 있는지를 말입니다. 네가 만일 이 6개의 질문에 제대로 답을 한다면, 너는 네가 왜 후계자들을 못 만들고 있는지를 알게 될 것이라고요. 그리고 이 상황은 오늘날 많은 교회공동체에서도 비슷합니다. 그 교회들은 클럽들과 비슷하게, 자신들만 돌보고, 자기들끼리만 폐쇄적이고, 그 안에서 만족하고, 편안한 클럽들이 된 것이지요. 자신들은 마치 개방적인 것처럼 행동하지만, 실제로는 남들에게 그리고 다른 흥미가 있는 그룹들에 대해서는 높은 수위로 닫혀있고, 이들은 생각하기를 그들의 고유한 편안함이 그대로 직접 밖에서도 매력적이어야 한다고 믿고 있는 것입니다.

그러나 정확히 그 반대로 작용하는 것은 무엇입니까? 일부 교회 공동체와 종교적으로 추구하는 사람들 사이에는 완전히 역겨운 장벽이 있습니다. 그리고 나는 교회가 미래에 적합하기를 원한다면(...) 과거의 [교인] 탈퇴 현상을 점점 더 적게 만들 수 있다고 생각합니다. (...) 오늘날 목회적 돌봄이 필요로 하는 것은 추가적인 구조가 필요하다는 것인데, 목회 구역 곁에 사람들이 오늘날 꼭 필요로 하는 중요한 주제들을 다루는 사회적 공간을 치고 들어가는 구조를 말합니다. 그리고 그것은 또한 새로운 커뮤니케이션의 형태가 필요하고, 그것은 새로운 사회형태가 필요합니다."

그렇게 가톨릭교회를 위한 교회 환경 연구의 선구자인 마이클 에버츠(Michael Ebertz)는 이미 2000년에 말했습니다.

생활 세계의 관점에서 볼 때 교회 공동체는 일반적으로 TRA와 BÜM

에 의해 결정되는 환경 공동체이며, 대학 도시에서도 때때로 사후 물질(후기 물질주의)적으로, 즉 LIB 또는 SÖK에 의해 각인됩니다. 그것들은 포함하기도 하고 제외하기도 합니다. 교인의 배제는 신학적 교리적 진술보다는 교회 생활의 특수한 미학을 통해서 발생합니다.

c) 인류학과 사회심리학의 무리한 기대

오늘날 교회에게 처방된 쓴 약은 인류학과 사회심리학, 특히 환경이론이 자신을 개방적이고 포용적이며 통합적이라고 여기는 교회를 위해 마련한 통찰입니다. 하나님의 약속 아래 사회심리학적 메커니즘에 대한 인류학적 통찰에 겸허히 굴복하고 성도들의 공동체로서의 자기 이해를 탈 신화화하며(CA VIII: 아우구스부르크 신앙고백 제8조) 교회가 서로를 다루는 현실을 냉정하게 바라볼 환경에 민감한 교회가 있습니다.

그런 관조만이 돌이킬 가능성도 열어주는 것입니다. 자각 속에서 어리석은 결점을 보이도록 허용하는 사람만이 변화할 기회를 얻게 됩니다. 이것은 교회(들)에도 적용됩니다.

포용과 배제의 메커니즘: 누군가가 더 편안하게 느낄수록 다른 누군가는 배제된다는 것을 더 알게 됩니다. 누군가가 이것이 나의 (살아가는) 세상이라고 더 많이 느낄수록, 다른 누군가는 이것은 내 세상이 아니라고 더 확실하게 느낍니다.

구별과 혐오 장벽을 통한 경계의 민족학적 법칙. 환경은 같은 생각을 하는 사람들의 그룹이 공통으로 가지고 있는 것에 의해 정의되지만, 또한 다르고 이들과 아무것도 함께 하고 싶지 않은 사람들(근본주의자, 독일 극우주의자 AfD, 메시아주의적 유대인, 동성애 혐오자, 또는 진영에 따라 성경 비평가, 자유주의자)과의 감정에 근거한 구분에 의해서도 정의됩니다. 본능적 방어는 성찰적 관점을 약화하고 진정으로 다른 것을 포함하고 조건 없이 수용하는 데 방해가 됩니다. 이것이 개신교의 자기 권리에 속할 텐데도 말이지요.

집단 내 선호 집단의 사회학적 법칙은, 나 또는 우리에게 속하는 사람들은 옳고 지원을 받을 자격이 있다고 생각하는 것입니다. 그리고 자신들과는 반대인 다른 사람들은 제정신이 아니라고 생각하는 것입니다. 낯선 사람에 대하여 이렇게 자신의 것을 선호하는 태도는 본능적으로 자기 보호의 기능을 하고 나와 다른 사람들은 이해하기가 힘들고 인정하기 어렵게 만들 뿐입니다.

모든 그룹에 적용되는 자가 모집 메커니즘이 작용합니다. 이

메커니즘은 그룹이 가능한 일관되게 구성되도록 보장하고 시스템에 맞지 않는 요소로 인한 마찰 손실을 최소화합니다. 여기에 새로 들어온 사람은 적응해야 한다는 상당한 압력을 느낍니다. 그는 이것에 굴복하고 동화하거나, 조만간 그는 이 조정을 할 의향이 없으므로 그룹을 떠납니다. 결과적으로 폐쇄된 그룹들은 자신에게 적합한 사람들로만 자신을 보완합니다. 결과적으로 같은 생각을 하는 사람들의 그룹(기능적인 면에서 볼 때 완전히 기능이 정지된)은 현저하게 고집스러운 모습을 보입니다. 비판적으로 말해서, 그들은 변화에 저항하고 변화를 꺼립니다. "열린 교회" 또는 "초대하는 공동체"로서의 자아상은 다를 수 있습니다. "외부"에서 인식되는 편차는 제삼자에게 더욱더 노골적입니다.

반향실이나 닫힌 대화공간을 통한 고유의 정상성에 관한 기만의 법칙: 그룹 구성원은 특별히 혹은 전적으로 그의 생활환경에서 그의 생활 방식, 그의 견해와 가치, 그의 행동과 말투를 공유하는 사람을 만나기 때문에, 거기에는 가능한 한 닫힌 의사소통 공간들이 생성됩니다. 이 공간들은 다문화적이고 다양한 환경을 불안정하다고 느끼게 만들고, 분명하고 확실한 안내를 요구하거나 찾는 것이 강해질수록 그것을 더욱 매력적으로 느끼게 만듭니다. 나와 같은 사람들과 소통하고 나와 같은 사람들에

게 집중하는 것은 실제로 모든 사람이 나와 같다는 생각을 하게
하는 거품을 만듭니다. 그렇게 되면, 나/우리가 행하고 있는 방
식은 늘 정상적인 것이 됩니다. 즉 규범적입니다. 그것은 또한
"우리가 하는 방식"이 곧 "기독교적"이라는 것을 의미합니다. 이
것은 보수적 기독교, 전통적인 민족적 경건성, 탈 물질(좌파) 개신
교, 시민적 신-경건주의, 카리스마적이고 실용적으로 각인된 공
동체 운동에 똑같이 적용됩니다. 나를 점점 더 증폭시키는 나만
의 사회-문화적 반향실은 더 이상 타인이 어떻게 다를 수 있는
지 이해하지 못하게 만들고 나만의 세계를 잣대로 삼습니다. 이
것은 자신의 자아 이미지가 다른 이들과 정반대이고, 자신을 국
제적이고 유연하며 정신적으로 유동적이고 관대하다고 느끼는
경우 특히 문제가 됩니다.

2. 약속 아래 있는 환경에 민감한 교회: 회심의 축복으로부터

환경에 민감한 교회는 자신의 약함을 인식하는 약한 교회입
니다. 정확하게는 자신을 다르게 이해하기 때문에 사회[과]학의
이러한 반대 의견에 귀를 기울일 것입니다. 자기비판을 갖고 그
에 따라 자신의 실천을 검토하십시오. 이 교회는 자신의 영향력

이 얼마나 작은지, 그리고 자신의 주장과 자아상과는 반대로 교회 안팎의 사람들에게 자신이 도달하는 것이 얼마나 작은지를 겸손하게 인정합니다. 이 교회는 교회 생활 자체가 얼마나 특정 사고방식에 뿌리를 두고 있는지, 그리고 전통적, 보수적, 부르주아적 습관에 대한 교회의 초점이 얼마나 배타적인 성격을 가졌는지를 인식합니다. 예를 들어, 주로 탈물질적인 지도자들과 더욱 전통적인 중산층 "교회 사람들" 사이의 많은 갈등이 사회문화적 차이에서 비롯될 수 있으며, 이는 신학적으로 부차적으로 비난당할 수 있다는 것을 인식합니다. 아직 열려 있지 않은 삶의 세계를 향해 출발하며, 선교신학적 관점에서 기독교 신앙을 맥락화하고 적응적-실용적이며 신속한 측면을 달성하기 위해 노력할 것입니다. 자신의 형식을 조건화하고 문화적으로 이질적인 것을 깎아내리는 것을 중단합니다. 이 교회는 젊은 세대를 발견하고 정신적으로 그들에게 접근할 것입니다. 이 교회는 더 이상 이중 전환을 기대하지 않을 것입니다: [그러니까] 어떤 특정 기독교 문화로 들어가는 회심으로서 그것이 환경운동에 앞장서는 녹색운동이든지 아니면 보수 그룹에 가담하든지 하고 나서 교회와 그리스도에게로 가는 입구를 찾는 식 말입니다. 이 교회는 비기독교적으로 보이는 세계에도 이미 그리스도가 계시는 것을 발견하게 됩니다. 이 교회는 반대로 낯설고 새로움을 상대해서 자기의 고유한 것을 새로이 발견할 수 있게 됩니다.

교회는 복음에 대한 다양한 사회 문화적 이해를 통해 깨닫는 풍요로움을 기뻐하게 될 것입니다. 교회는 완전히 새로운 방식으로 황금 덩어리를 감상하는 법을 배우게 될 것입니다. 드물지만 기존의 세계와 교회 사이의 경계를 넘는 사람들은 종종 교회 공동체 생활에서 다만 옆에 서 있었지만, 이제는 교량이나 회전문의 역할을 하는 사람들이 되고 있습니다. 두 세계를 연결하면 전달을 할 수 있습니다. 일단 이 세계에 도달하면 더 이상 오해되지 않을 것이며 개별 포스트모던 세계에 비판적이고 반문화적인 방식으로 복음을 전하는 방법을 찾게 될 것입니다. 기독교가 전통적 (그리고 후현대주의자들에게 있어서는 현대성이라는 것은 이미 매우 오래된 것입니다!) 문화적 형태와 동일시될 필요가 없다는 것이 마침내 이해될 수 있어서, 기독교 신앙은 갑자기 다른, 대안적이고, 반관습적이며, 심지어는 실용적인 모습을 띠게까지 됩니다. 많은 사람이 살아온 보물같은 경험과 관련해서 기독교 신앙이 그들에게 어떤 의미가 있는지 발견할 수 있을 것입니다.

환경에 민감한 교회에 약속이 있는 이유는, 매우 겸손하여 사회 과학으로부터 배우고, 교회가 교회의 목표를 추구할 때 반드시 고려해야 하는 본질적인 문제 중 하나로서 우리 사회의 파편화, 조각조각 나누어짐 현상을 심각하게 인식하고 받아들일 것이기 때문입니다. 선교는 "모든 사람에게 복음을 전하는 것"(바르멘선언 제6조[11])이라는 중심 임무를 수행하기를 원합니다. 생활 세계 연구를 받아들이면서, 묘사된 세속적 분열이 국가 교회에서 계속되고 있다는 것이 교회에 고통스럽지만 분명해집니다.

그러므로 환경에 민감한 교회는 하나님의 움직임을 깊이 이해하기 때문에 약속 아래 있습니다. 왜냐하면 이 교회는 사람들에 대한 사랑으로 아버지의 영광을 떠나 우리와 함께하시고 우리와 함께 계시기 위해 아버지의 신분에서 당신 자신을 비우시고 자기 [신적] 정체성을 양도하신 예수 그리스도와 같은 사고방식을 갖고 있기 때문입니다(빌2:5이하). 우리와 같은 인간이 되신 것이죠(요1:14). 그분은 우리의 곤경에 참여하심으로써 우리가 구원에 참여하게 하십니다. 그분의 길은 "오기를 기대하는" 교회에서 "가려고 준비하는" 교회로 전환하며, 코페르니쿠스적인 전환을 수행하려는 교회에 길을 보여줍니다. 더 이상 사람들이 올 것이라고 기대하지 않고 오히려 자기를 개방해서 사람들에게로

---

11) 1934년에 독일의 교회가 제국교회에 맞서서 고백교회 운동을 벌이는 가운데, 독일 민족노동당(나치)의 히틀러 정권에 대하여 교회의 '정부로부터의 불가침' 선언같은 입장을 발표한 독일교회의 주요 문서로서 칼 바르트, 토마스 브라이트, 한스 아스무센, 헤르만 자세가 기초함.

가며, 효과적인 소금처럼 자신을 확산시키고 개별 그룹의 사람들을 따라가며 그들과 교회의 삶을 공유하고 그들이 참여하도록 허용합니다.

자아 비판적 반성을 하고 출발하는 교회는 모든 환경에 수백만 번이나 뿌리를 내리는 일을 기꺼이 받아들입니다. 평균적으로 그 환경에 속하는 사람들의 약 30%가 그 교회에 속합니다. 우리 사회의 진로에 매우 특별한 의미를 갖는 적응적-실용주의적 신역동적 신세대는 심지어 평균 이상의 개신교인 수인 36%를 차지하고 있습니다. 여기에는 이 삶의 세계에 대한 존중만이 아니라 교회를 향한 기대도 기록되어 있습니다.

3. 사람과 가까이 있는 교회를 위한 21가지 자극

a) 교회론: 새롭고 다른 방식으로 교회를 생각하고 세우는 교회론

[1] 환경에 민감한 교회는 의식적으로 환경적 교회가 될 것이지만 더 이상 전통적 및 중산층 환경 공동체가 지배하는 형태에

국한되지 않을 것입니다. 이 교회는 이 성공적인 모델을 다른 환경에까지 확장하고, 기본적으로 살아가는 세계들이 갖게 되는 단편화로 특징지어지는 사회의 모든 환경을 위한 환경[에 민감한] 교회를 의식적이고 목표 삼아 구축합니다.

[2] 이 교회는 해당하는 생활환경으로부터 생성되는 공동체들을 구축합니다. 그들을 위해서 그리고 그들 안에서 생성된 공동체입니다. 이 교회는 LoG[12](생활환경에 경도된 공동체들)와 LoK[13](생활환경에 경도된 교회들)를 통해, 신선한 X(교회의 "신선한 형태") 그리고 다른 장소에 있는 교회들을 통해서, 그러니까 무역박람회장이나 고속도로에, 병원의 소예배실이나, 스케이트장에서, 카페나 학교, 겨울 놀이터의 교회나 지역에 있는 음악원의 숙소를 통해서 교회를 세우고 복음을 소통합니다.

[3] 이 교회는 코페르니쿠스적 전환을 실행하고, 더 이상 사람들이 교회로 오기를 기대하지 않고("오는 구조"), 그보다는 교회가 스스로 사람들에게 가서("가는 구조") 그들과 함께 머뭅니다("머무는 구조"). 이는 교회 공동체와 멀리 떨어진 세계에 있는 사람들에게

---

12) Lebensweltorientierte Gemeinden
13) Lebensweltorientierte Kirche

다다른다는 내용을 포함하며, 그렇게 LoG(생활환경에 경도된 공동체들) 또는 LoK(생활환경에 경도된 교회들) 안에서 자리 잡으려 한다는 것을 의미하고, 마찬가지로 기존 공동체에 통합되려고 노력하지 — 많은 경우에 오히려 버림받게 되는데 — 않는다는 것을 의미합니다. 수십 년 동안 커뮤니티 구축 프로그램이 해왔던 것처럼 더 이상 환경의 영향을 받는 제안의 매력에 의존하지 않고, 특정 환경에 있는 사람들과 함께 생활함으로써 발생하고 제공되는 유쾌함과 상황화에 의존합니다. 이 교회는 말로 "개종"하는 것이 아니라 새로 생성된 교회와 공동체의 모습들을 통해 "선교"합니다. 이 교회는 다시 떠나러 오는 것이 아니라, 머무르려고 옵니다.

[4] 이 교회는 교회 생활의 질서와 전통적인 형태를 넘어서는 공동체 형식들과 삶의 자리들을 존중하고 인정하며 심지어 장려합니다. 환경에 민감한 교회는 새롭고 혁신적이며 창의적인 것이 자신과 함께 성장하는 것을 기쁘게 생각합니다. 이 교회는 직접적인 이익을 기대하지 않고 이를 지원합니다. 그 결과는 여러 형태의 공동체를 나란히 인식하고 서로 연결하는 영국에서 알려진 혼합 경제 [형태]로 나타납니다. 그 소산으로, 각 생활환경의 필요와 기본 조건에 적응된 유동적이고 다양한 교회가 탄생했습니다.

이 교회는 "교회는 두세 사람이 내 이름으로 모인 곳"(마태 18,20)이라는 말씀을 실현하고, 다음과 같은 해방적인 종교개혁적 통찰을 따릅니다: "기독교회의 진정한 일치를 위하는 일에 도처에서 동일하게 인간에 의해서 만들어진 예식을 엄수하는 것이 필요한 것은 아닙니다. 바울이 말한 바와 같이, '몸이 하나요 성령도 한 분이시니 이와 같이 너희가 부르심의 한 소망 안에서 부르심을 받았느니라. 주도 한 분이시요, 믿음도 하나요 세례도 하나입니다'(CA 7: 아우크스부르크 신앙고백 제7조)". 전통, 규칙, 습관은 영원한 의미를 갖지 않으며 우리의 임무를 위해 변화가 필요한 곳에서는 우리를 묶어서는 안 됩니다.

[5] 이 교회는 복음을 다른 환경에서 상황화함으로써 완전히 새로운 방식으로 복음의 풍성함을 개척할 것입니다. 이 교회는 의무적 가치를 통한 검증된 시민적 형식 외에도 수용과 자기실현의 가치를 특징으로 하는 기독교 신앙의 형태를 발전시킵니다. 이 교회는 확실하게 입증되고 축복받은 특별한 형태의 교회와 신앙 자체가 역사적이 되었다는 것과, 이 조건 안에서 교회와 신앙의 본질이 동일시될 수 없다는 것과 그것이 유일하게 기독교적인 것으로 절대화될 수 없다는 것을 이해합니다.

[6] 환경에 민감한 교회는 전해 내려오는 대표적 교회 문화(전통 부르주아 또는 현대 포스트 물질주의적)를 개신교 및 기독교와 연관시키는 것이나 이를 믿을 수 있게 하는 도입의 전제나 조건으로 삼는 것을 단념합니다. 교회는 오히려 복음을 후현대기의 생활 세계를 위해 상황화시키는 것을 선교신학적 과제로서 이해합니다. 토착화와 반문화화를 통한 연결과 모순 안에서 말입니다(Schuster 2020; 토론을 위해 Hempelmann 2020, 348-371). 메시아적 관점이 교회가 사랑 때문에 손해를 보는 모습과 연결된, 필요한 고통을 견디는 데 도움이 됩니다. "밀알 한 알이 땅에 떨어져 죽지 않으면 한 알 그대로 있고 죽으면 많은 열매를 맺느니라."(요12:24).

[7] 환경에 민감한 교회는 교회 공동체에 가까운 것과 교회에 가까운 것을 구별할 줄 압니다. 많은 사람이 지역교회 생활의 (소)시민적 모습에 거의 관심이 없으며 미학적 이유로 거리를 둡니다. 그러나 이것이 그들이 교회 자체로부터 거리를 두고 있다거나, 그들에게 중요하고 "교회"라고 느껴지는 예배와 기타 정규 행사 외에는 그들을 위한 공간, 모임, 그룹 및 기회가 없다는 것을 의미하는 것은 아닙니다. 민감한 교회는 완전히 새로운 질문을 던집니다: 교회란 무엇입니까? 우리가 "교회"라는 용어를 독점할 수 있습니까? 하나님은 우리의 교회론이 허용하는

것보다 더 다양하고 이질적인 방식으로 행동하실 수 있습니까? YMCA는 어떻습니까, 구역모임은 어떻습니까? 정치적 사안을 위한 철야기도를 준비하는 모임은 어떻습니까, 토요일 아침 뜨 개질 동아리에서는 관심사를 토론하고 비공식적으로 함께 고려 하고 하나님 앞에 가져갈 수 있습니까? 이 교회는 행정적으로 나 조직적인 형태를 가진 교회가 성경에서나 종교개혁 백서에 서 정의하지 않은 것을 실현합니다. 이 교회는 필요하다면 일시 적으로나 때때로 하나님이 교회로서 선물하신 것을 인식할 것 입니다. 이 교회는 직접적이고 의무를 갖게 되는 부담 없이 교 회를 "맛볼" 수 있는 상황을 만듭니다. 이 교회는 정해진 선에서 벗어나고 빠지는 예외들을 강화합니다. 이 교회는 다양한 생활 세계와 하위 세계 안으로 깊이 계층화된 옵션과 도킹 지점을 만 듭니다. 교회가 성장하고 있습니다! 그러나 종종 (더 이상은) 자신 의 종탑 아래에서만 그러는 것이 아닙니다.

[8] 환경에 민감한 교회는 사람들이 교회에 대해 갖는 매우 다 양한 기대와 다양한 환경에 있는 사람들이 교회를 경험하는 방 식을 분명히 인식합니다. 어떤 무엇들을 그들이 교회에서 좋아 하는지, 강화되기를 원하는지, 무엇을 혐오감으로 경험하는지 말입니다. 이 교회는 야합하지 않고 자신이 인식한 것으로부터

배우려고 노력합니다. 이 교회는 모든 것을 확인하고 좋은 점을 유지합니다. 그러나 이에 대한 기준은 선입견을 가진 전통적인 교회 개념이 아닙니다. 그것은 그래서는 안 된다는 신학적 단두대가 되기 때문입니다. 그런 것은 이전에 없었던 일이야.., 우리는 항상 이렇게 해 왔어.. 같은 말들이 그것입니다.

성경도 종교개혁 신앙고백들도 교회가 어떤 행정적 또는 조직적 형태를 갖는지를 정의하지 않습니다.

[9] 환경에 민감한 교회는 더 이상 사람들이 교회에 와서 주어진 공동체 형식과 행사 형식에 그리고 교회가 "제공하는 것들"에 적응하는 것을 당연하게 여기거나 기대하지 않습니다. 이 교회는 모든 사람이 공통적으로, 공동체를 갖고 싶어 한다는 것을 분명히 인식합니다. 그것은 실제로 가장 중요한 인류학적 상수입니다. 그러나 이것이 어떻게 보이고 구체적으로 설계되었는지는 사람들이 근본적으로 어떻게 다른지에 따라 다르며, 이는 또한 누군가가 연결을 찾고 접근할 수 있는지 여부를 결정합니다. 환경에 민감한 교회는 어떤 사람은 수동적으로 머무르면서 자신이 동의할 수 있는 지침과 규칙을 찾으려 하고, 반대로 다른 어떤 사람은 스스로 참여하고 스스로 함께 만들어가며 교회 활동의 수동적 대상으로 기능하기를 원치 않는다는 것을 분명

히 압니다. 이 교회는 일부 사람은 영속성, 지속성, 불변성을 찾지만, 다른 사람에게는 수정, 변화, 다양성이 그들이 살아있다고 느끼는 일에 필수적이라는 것을 인지합니다. 환경에 민감한 교회는 다른 사람들을 주어진, 역사적, 조건화된 형식에 종속시키지 않고 섬기기를 원합니다.

이 교회는 사람들을 '통합'하려고 시도하지 않습니다. 이 개념이 사람을 기존의 것과 결합하는 것을 뜻한다면 말입니다. 이 교회는 이들에게, 그리고 이들의 차이점에 공간을 제공합니다. 이 교회는 더 이상 "교회가 어디 있냐?"고 묻지 않고, 오히려 "교회가 어디에 살고 있냐?"고 묻습니다. 어디에서 사람들은 기존의 조직적, 행정적 지침으로부터 독립적으로 서로 연결될 수 있습니까? 이 교회에게 기성의 것은 그것을 원하지 않는 사람들이 그 기존의 형태 안으로 변형되어 들어가야 하는, 무조건 보존되어야 하는 목적 그 자체가 더 이상은 아닌 것입니다.

b) 운영

[10] 환경에 민감한 교회는 공동체 리더십을 통해 다양한 교회 사역 영역들과 생활의 범위들이 환경과 관련되어 있다는 사실을 확실하게 하고, 공동의 교회 생활이 환경에 민감하게 설계

되는 것을 확실하게 하고, 하나의 환경이 지배적일 때 누군가는 정착할 수 있겠지만 다른 누군가는 확실하게 정신적으로 배제되는(예배 전쟁!) 것을 피하려는 점을 확실하게 하고, 각 개인의 환경에 대한 관용은 무리 없이 차츰 성장하는 것이 허락되고, 신중한 만남과 접근을 통해서, 공동의 주님에게 나와 함께 연결된 사람들의 완전히 다른 신앙 표현을 이해하려는 지속적인 노력을 통하여서 한다는 것을 확실하게 하며, 환경을 벗어나는 것은 정의된 목표를 가지고 집중적이고 반영하면서 발생하는데, 그것은 "모든 사람"에 다다라야 한다는, 빠르게 좌절과 체념으로 이어지는 포괄적인 가정이 아니라는 것을 확실하게 하고, [거기서] 중재할 수 있는 희귀하고 귀중한 황금 덩어리들이 인식되는데, 그들은 회전문에 서 있는 사람들로서 서로 다른 생활환경을 알고 서로를 연결하기 때문입니다. 그들은 공동체의 지배적인 환경과 사람들이 추가적으로 다다르고 싶은 생활 세계의 사이에서 다리 역할을 할 수 있는 사람들이며, 이것을 "누구를 위해 제공되는 것"이라고 자유로 상상하기보다는, 잘 알고 계획하려고 할 때 사람들은 이들을 환경 선교사라고 부를 수 있습니다.

[11] 환경에 민감한 교회는 주어진 형태의 첫 번째와 두 번째 예배가 소수의 환경에만 전달된다는 것을 알고 있습니다. 이 교

회는 이러한 예배가 이루어지고 사람들이 편안함을 느낀다는 것을 기쁘게 생각합니다. 그러나 교회는 거기서 멈추지 않습니다. 예배가 다른 사람들을 위해서도 그리고 다른 환경에서도 수행되는 것도 교회의 관심사입니다. 예배에 대한 매우 다른 기대들이 이 교회에게 표준은 아니겠지만 출발점입니다. 이 교회는 예배가 열리는 어느 주일에 어떤 환경에 있는 사람들을 위한 예배가 있는지를 교회 문 게시판에 표시하는 독일의 주요 도시에서 구현되는 모델을 따르지 않고, 오히려 예배가 각 생활환경으로부터 발전해 나와서 성장하도록 만들 것입니다.

[12] 환경에 민감한 교회는 일상적이지 않은 [세례, 혼례 같은] 특별한 예식에 대한 특별한 요청을 주로 일단 일상의 흐름에 대한 방해나 추가 부담으로 보지 않고, 오히려 만나고, 알고, 좋은 점을 배우는 기회로 볼 것입니다. 교회가 주님을 따르면서, 문자 그대로 전용해서 섬기고, 그렇게 문자 그대로 "서비스 제공자"로 섬기는 것은 좋은 일입니다. 그리스도가 교회를 통해서 인간에게 오신다고 할 때 말이죠(성능과 프레이밍에 관해 어떤 견해를 주의해야 하는지 교회와 환경 시리즈의 편집자는 사례를 보면서 환경의 차이를 고려하려고 노력합니다).

[13) 환경에 민감한 교회는 당회(공동체 지도력)에 신학자들이 [비

율에 있어서] 압도적이라는 것에 대해 비판적이며, 이들과 다른 전문 지식을 가진 다른 직업군들을 고려합니다. 다른 직업은 다른 관점을 가져오게 되며 보다 차별화되고 덜 일방적인 그림을 만들게 되기 때문입니다. 이 교회는 또한 위험을 의식하고 위험에 대비한 프로세스를 실행하는 물질주의 후기 학자들의 가치 있고 필요한 분석과 성찰 외에도, 공연자들의 전문 지식과 역동성의 위험부담을 알고 대비하면서 그 경험을 가져옴으로써 은사의 다양성을 실천합니다.

[14] 이 교회는 신학자와 평신도, 정규직과 시간제 근로자 사이의 정신적 분리를 극복합니다. 새롭게 떠오르는 교회에는 다양한 은사와 기능, 임무가 필요합니다. 이 교회는 전문가들 사이의 관계를 달리 규정합니다. (오늘날 해당 분야에서는 전문가이지만 다른 모든 분야에서는 비전문가가 아닌 사람은 누구란 말입니까?) 이 교회는 모든 지배적 태도에 민감할 것입니다. 표준을 정하고 행동을 형성하는 모델은 섬기는 인자이시며, 그 분은 직분과 권력과 서열을 위해 애쓰는 제자들에게 다음과 같이 말씀하십니다. "집권자들이 그들의 백성들을 억압하고 그 집권자들이 그들에게 권세를 부리는 것을 여러분은 알고 있습니다. 그러나 여러분 가운데는 그렇지 않습니다. 여러분 중에 누구든지 크고자 하는 사람은 여러분을

섬기는 사람이 되어야 합니다. 여러분 중에 누구든지 첫째가 되고자 하는 사람은 모든 사람의 종이 되어야 합니다. 인자의 온 것은 섬김을 받으려 함이 아니요 도리어 섬기려 하고 자기 목숨을 많은 사람의 대속물로 주려 하는 것이기 때문입니다"(막 10:42-45). 새롭게 떠오르고 정신적으로 깨어 있는 교회는 관계에, 주로 신학자와 비신학자 사이의 관계가, 가르치려 든다거나 배타적이거나 지배적이지 않도록 주의를 기울입니다. 이 교회는 결코 관료적인 태도가 통용되는 것을 허락하지 않을 것입니다. 이 교회는 여전히 들려오고 영향을 미치는 프로이센식의 "관료"와 "관료적"이라는 의미에 민감할 것입니다. 제도교회가 당연히 "그렇게 의도한 것이 아니"라고 하지만, '평신도' 대 '신학자와 관료'를 구분할 때 평가절하로 인해 신학자들과 관료들에게서 종종 눈에 띄지 않게 보게 되는 지속적인 차별에 민감할 것입니다. 환경에 민감한 교회는 풀 타임 - 파트 타임 논리에 의존하지 않습니다. 더 이상 경계와 한계로 표시되는 고전적인 계급구조의 관점에서 생각하지 않습니다. 이 교회는 교회의 미래를 위해 보통의 기독교인(Ganochris)에 의존합니다. 이들은 자신의 믿음을 그들의 생활 세계로, 생활환경으로 가져갑니다. 그들은 거기에서 그들이 교회나 모임에서 하는 것처럼, 결정적으로 중요한 상황화된 성과를 나타내며, ― 부가적인 업무로서가 아니라 아주 일반적인 그리스도인으로서 — 그들의 과제를 능력에 따라 수행합니다. 환경에 민감한 교회는 의식적으로 약자들과 서투른 사람들을 받아들입니다. 이 교회는 그것이 신앙과 삶의 문제라고 한다면, 점점 더 전문화되는 것으로부터 [오히려] 멀어지려고 합니다. 여기에는 낙제점수가 있을 수 없습니다. 물론, 교회는 자신이 기술에 있어서 전문적으로 보일 경우에만 공연자와 적응 능력이 있는 실용적인 존재로 다다를 수 있고, 보수적인 사람들은 교회의 대표자들이 유능해 보이고 그들의 임무가 무엇인지 아는 경우에만 존중을 받는다는 것을 알고 있습니다.

교회는 생활세계 연구의 통찰력을 활용하여 사람들의 참여를 유도합니다. 교회는 참여를 통해 동일시 되는 것이 이루어진다는 것을 알고 있으며 자신이 사는 세계에 따라 참여 동기가 매우 다르다는 점을 고려합니다. 교회는 이들을 판단하지 않는데, 모든 사람은 각자가 자신에게 합당한 일만 한다는 것을 알고 있기 때문입니다. 교회는 어떤 이유로든 사람들이 교회에 접촉점을 찾고, 교회를 통해 복음을 접할 때만 행복합니다.

[15] 이 교회는 길을 잃을 위험에 처한 사람들을 좇습니다. 교회가 돌아섰다는 그리고 새출발하고 갱신했다는 믿을만한 표시가 되는 부분은 [이들에 대한] 교회의 사후 관리와 후속 조치입

니다. 이 교회는 붙잡고 있는 사람들, 특히 세속적으로 거리를 두는 태도를 가진 사람들이 교회를 떠나기 직전이고 실제로 더 이상 교인됨을 유지할 이유가 없다는 사람들을 단지 인식하고 있는 것만이 아닙니다. 오히려 교회는 그들에게 말을 걸고, [관심을] 얻어내고, 흥미를 갖게 만들고, 참여하게 만드는 프로그램과 이니셔티브를 개발합니다. 이 교회는 교회에 거리를 두는 형태들을 구분하고, [각각에] 달리 반응합니다. 예를 들어, 교회는 단지 관습적인 회원 자격 이유만 갖고 세속적으로 거리를 두고 있는 사람들, 교회를 적잖이 아니 오히려 더 원하는 실망한 비평가, 교회를 존중하지만 교회가 그들에게 아무런 의미가 없어서, 왜냐하면 일상에 아무런 의미를 갖지 않기 때문에, 기꺼운 것 같지만 무관심한 사람들을 구별합니다.

이 교회는 거리두기의 다양한 형태에 자신을 맞춥니다. 예를 들어, 대 도시에서는 목회 돌봄에 중점을 두고, 다른 하나는 교회에 거리를 두고 있는 사람들을 위한 노력에, 세 번째는 여전히 교인이지만 교회에서 멀어진 사람들과의 의사소통에 초점을 맞추는 방식으로 교구 목회의 임무 할당을 다양화합니다. 환경에 민감한 교회는 교회가 그것을 위해 있으며, 사람들이 교회를 통해 접해야 하는 복음을 가지고 아무것도 할 수 없거나 좀처럼 어떻게 할 수 없는 것에 대해 걱정합니다. 그리고 교회는 단지 교회에 거리를 두는 사람들뿐만 아니라 교회를 떠난 사람들을 좇기도 합니다. 그들을 교회 납세자로 다시 끌어들이기 위해서가 아니라, 단순히 그들이 마침내 교회에 중요하고 또 중요하다는 것과 이 지체를 잃어버린 것이 고통스럽다는 것을 그들에게 보여주기 위해서입니다.

c) 일치

[16] 환경에 민감한 교회는 교회의 일치를 추구합니다. 그러나 항상 단지 부분적인 소수로 대표되는 단일문화를 추구하는 것이 아닙니다. 이 교회는 교회 생활 방식의 다양화와 다원화에 반대하는 논거로서 "일치"를 사용하지 않습니다. 이 교회는 이 일치가 자신의 공동체들 안에 이미 경험적으로 존재하지 않는다는 것을 깨닫습니다. 그보다는 오히려 교회의 일치는 모든 것을 그분께 빚지고 있으며 그들의 삶 가운데에 매우 다양한 방식으로 그분께 삶의 기반을 두고 있는 교회의 유일한 주님에 대한 그리스도인들의 공동 충성으로 주어집니다(갈3:28).

그가 중심에 계신다면, 그는 그리스도인들이 가장 다양하고 심지어 반대되는 관점에서, 더 멀고 가까운 거리에서도, 거리를 두고 있거나 참여하는 단계에서도, 나아가고 있는 모든 것을 조직하는 중심이십니다.

[17] 환경에 민감한 교회는 예를 들어 — 공동의 신앙 축제들에서 — 사례로서 그리스도 안에서의 이 일치를 하나의 형태로 제시합니다. 그렇다면 개별 교회는 도시나 지역의 다른 기독교인들과 함께 공동 예배를 드리기 위해서 자신의 교회 예배를 중단합니다. 그들은 함께 먹고 마십니다. 만두와 감자 샐러드는 물론 스시와 칵테일도 함께요. 이러한 다양한 제공을 통해 — 증명할 수 있게 — 다양한 그룹에 확실히 접근할 수 있습니다. 그들은 다음과 같은 것들을 감당할 수 있고 제공할 수 있습니다: 고전음악 합창, 전자 기타가 함께하는 기도회, 중세 합창 및 경건한 힙합 등이 그것입니다. 그들의 공동 신앙 행사로 보게 된 것은 우리는 하나라는 것입니다. 복음이 다양한 환경에서 완전히 다른 방식으로 접근될 때, 이 다양성이 교회에 어떤 풍요로움을 의미하는지 분명해집니다.

[18] 그것은 다양성과 일치를 비교하는 것이 아니라 오히려 다양성을 허용합니다. 그것은 일치를 획일성과 순응으로 이해하는 것이 아니라 태도로 이해합니다. 즉, 다양한 사람들을 하나로 묶으시는 분에 대한 충성심으로 이해합니다. 다양성은 문제

가 아니라 이러한 유대를 강화하는 기회입니다.

d) 하나님 나라의 관점

[19] 환경에 민감한 교회는 자신의 가능성과 한계를 볼 뿐만 아니라 지역적으로나 에큐메니컬적으로 지평선 너머를 바라봅니다. 이는 인접 및 확장된 이웃(시찰 및 노회)에 어떤 개신교 공동체가 존재하는지 주목할 뿐만 아니라 가톨릭교회와 자유 교회, 독립 공동체 운동 및 영적 각성을 포함하도록 시야를 넓힙니다. 이 교회는 분단된 사회와 교회에서 복음을 소통하는 것을 지역적, 지역의 초교파적 공동과제로 보는 하나님 나라 관점을 실현합니다. 서로 다른 생활환경들을 감당하는 일은 단일 공동체의 힘을 넘어서기 때문에, 지역의 교회와 기독교인들은 개별 공동체와 그룹에 은사 중심의 임무를 위임하는 데 동의합니다. 다양한 커뮤니티는 다양한 사람들의 관심을 끌고 있습니다. 공동의 사회적 공간 분석과 기존 각 업무 중점의 명확화가 이러한 업무 분업을 준비합니다. 이를 위한 도구(예: ACK, 개신교 연맹)가 이미 존재합니다. 상호 교류와 대중에서의 공동 출현은 공동체를 강화하고 다양한 존재들의 일치를 드러냅니다. 공동의 예배와 행사 일정을 문서화하고 발표하며, 크고 작은 지역 단위에서 기독교

인들과 교회들의 다양성과 연대를 드러내는 공동의 홈페이지나 행사 페이지에서 시작하는 것이 효과적일 것입니다. 우리는 하나라고요.

하나님 나라의 관점은 지역과 그 지방에 있는 다른 교회들과 기독교인들을 인정하는 것을 의미합니다. 이는 한편으로는 신학적 판단을 포기하고, 다른 한편으로는 양을 훔쳤다는 비난을 포기하는 것을 의미합니다. 이는 교회의 주님께서 다른 사람들에게 특별한 은사, 관점, 관심사로 주시고 중요하게 여기신 것에 대한 존경을 의미합니다.

이 하나님 나라 관점의 출발점은 다음과 같은 질문입니다: 우리가 함께 기도할 수 있습니까? 두 번째 기준은 모든 사람이 스스로 대답해야 하는 질문에 대한 대답입니다. 각자에게 있는 사회 문화적 각인이나 습관과 같은, 공통된 신학적, 정치적 신념들의 세트가 아닌 유일한 주님이 기초이십니까? 그때 "작은 사람들"을 말하는 오순절 교회와 기독교 사업가 협회는 하나의 공동의 기반을 찾게 되고 갖게 됩니다.

e) 직업교육

[20] 전통적 환경의 협소화를 인식하고 있는 환경 민감형 교회

는 전임직원에 있어서 후기 물질주의적 삶의 세계로 협소화된 환경을 극복하거나 회피하고자 노력합니다. 이 교회는 목회직에 대한 대안적인 길을 구체적으로 열어줄 뿐 아니라, 주로 하층 계층과 포스트모던 환경에서 사람들을 모집하려고 합니다. 이들만이 환경에 특화되고 환경에 민감한 방식으로 소통할 수 있으며, 그리하여 교회 공동체에서와 다양한 직업 분야에 널리 퍼져 있는 좁은 환경을 극복할 수 있습니다.

f) 자원의 사용

[21] 재정 자원은 모든 사람에게 동등하게 제공되지만 사실상 매우 불균등하게 분배됩니다. 주어진 생활환경에 방향을 설정하는 교회는 자원의 공정성을 위해 노력합니다. 이 교회는 지배적 환경의 압력에 굴복하지 않을 것인데, 그것은 주로 원호처 같은 역할을 하는 교회가 되라는 압력이고, 교회가 가진 자원을 언제까지고 교회 공동체의 생활을 지배하는 교회 공동체에 가까운 환경의 기대를 충족시키기 위해 중점적으로 그리고 불균형적으로 사용하라는 압력입니다. 그보다 이 교회는 어떤 잃어버린 교인들과 잃어버리게 될 것 같은 교인들, 그리고 이들을 넘어서 어떤 환경에 있어서든지 그들이 도달하지 못한 비교인

들에 대하여 물을 것입니다. 이 교회는 주로 그들을 찾는 일에 자신의 자원을 사용할 것입니다(마18:12이하).

이 교회는 더 높은 수준의 업무에 대한 자금의 비율을 줄이고 반대로 지방 및 동네 차원의 일에 그 비율을 강화할 것입니다.

이 교회는 교인을 중요한 자원으로 발견할 것입니다. 이 교회는 고유한 주도권을 강화하고 신흥교회를 위해 고유한 효과에 대한 경험을 강화할 것입니다. 이 교회는 더 이상 구체적이고 정의된 서비스를 위해 기존의 "인적 자원"을 어디에 사용할 수 있는지에 대해 주로 묻지 않을 것입니다. 그리고 일반적으로 여전히 협력할 의지가 있는 사람이 얼마나 적은지 개탄할 것입니다. 오히려 여기에서도 사람과 그들의 재능의 관점에서 생각하고, 하나님께서 주시고 은사로 주시는 특별한 은사와 재능의 관점에서 생각하는 공동체와 회중의 모습을 고려할 것입니다. 이 교회는 자기 삶의 논리에 따라 언급되는 쾌락주의적인 젊은이들이 전통적으로 교회 공동체에 속해 있는 교회의 구성원들보다 교회 일에 더 헌신적이고, 확실히 더 혁신적이고, 더 창의적이라는 사실을 놀랍게도 발견합니다.

4. 환경에 민감한 의사소통에 대한 약속

환경에 민감한 의사소통을 통해 우리는 다른 사람을 변화시킬 뿐만 아니라 무엇보다도 우리 자신을 변화시킵니다. 우리는 다음과 같이 이해합니다.

a) 우리는 또한 환경이다.

이미 소통에 대해 고민하고 이런 책을 쓰거나 읽는 성찰의 주체로서 우리는 또한 환경입니다. 그런데 그것은 당연하다거나 일반적이지 않습니다. 대부분 사람은 그렇게 하지 않습니다. 의사소통에 대한 우리의 방식과 반영하려는 의지는 당연한 것이 아닙니다.

우리는 믿음, 하나님, 공동체에 대한 우리의 이미지 자체가 환경에 의해 영향을 받고 편향된다는 것을 인식합니다.

우리는 환경으로 조건 지어진 사고를 임의대로 기준으로 삼을 위험에 처해 있다는 것을 알게 될 때, 우리가 우리 자신의 환경에 매여 있다는 것을 인식하게 됩니다(적응적-실용주의는 "별로 사회적이지 않고", 소비적-쾌락주의자는 즐거움 지향적"이며, 부르주아적 회향은 "고약한 냄새가 나고", 전통이라는 것은 과거를 향합니다).

우리는 성찰이라는 포스트 물질적 만병통치약을 통해서도 "혐오의 장벽"으로서의 구별의 장벽을 단순히 뛰어넘을 수 없다는 통찰로 인해 겸손해집니다.

우리가 연출하고 보는 많은 갈등은 영적이거나 신학적인 본성이 아닙니다. 그것은 종종 문화적이고 미학적이지요. 이 갈등들은 부끄럽게도 자주 단지 우리와 다른 이들 사이에 [세례 예식과 같은] 특별한 직무에 대해, 이것들을 어떻게 구성하고 디자인해야 하는지에 대해 각자의 환경에서 만들어진 다른 생각들이 만나면서 생기는 경우가 많습니다(예: Hempelmann et al. 2013, 2015; Hempelmann 2014). 다른 사람들이 하나님과 공동체와 신앙에 접근하는 것을 막는 것은 우선적으로 신학적이고 영적인 문제이기 이전에 근본적으로 정신적, 문화적, 감정적, 미학적 성격의 것들입니다. 교회에 기본적으로 반대하는 태도는 우선 신앙이 없어서가 아니라, 우리 자신의 사회 문화적 입장 때문인 경우가 많다는 것입니다. 이 입장을 우리가 기독교적인 것과 동일시함으로써, 다른 사회 문화적 성격을 가진 다른 사람들이 하나님과 교회에 접근할 수 있는 길을 막게 됩니다.

교회로부터 멀리 떨어져 있는 것은 쾌락주의자들이 아닙니다. [반대로] 교회가 쾌락주의자들로부터 멀리 떨어져 있는 것이죠. 장애물과 장벽은 교회와 교회 공동체로부터 멀리 떨어진 환경에서만 존재하는 것이 아닙니다. 교회는 쾌락주의자들이 교회와 거리가 멀어서 교회와는 아무것도 할 수 없다는 모토를 갖고 있습니다. 그러나 그 반대입니다. 교회가 쾌락주의자들과 거리가 멀고 그래서 교회가 그들과 아무 것도 할 수 없는 것입니다. 그것을 쾌락주의자들은 압니다. 그것으로부터 그들은 자연스러운 결과를 끌어냅니다. 대안적인 경험이 그것을 시작할 수 있다고 말이지요.

부끄러운 일입니다. 우리가, 하필이면 우리가, 우리 문화적 배경을 가지고 복음을 소통하는 일에 적대적으로 서 있는 것입니다.

교회 공동체, 신앙, "하나님", 예배, 공동 사회에 주어진 일정 생활 세계의 형식은 그것을 좋아하는 사람, 그래서 자기를 수정할 필요가 없는 사람들에게는 포용을 의미하지만, 문화적으로나 정신적으로 이와 다르게 생각하고 반응하는 사람들에게는 지속적인 배제를 의미합니다.

환경과 사고방식 연구는 사람들이 매우 다르다는 것과 그렇기 때문에 우리가 생각하는 방식이 "일반적"이 아니며 단순히 올바른 태도라고 가정할 수 없다는 것을 보여줍니다. 자신의 정신적, 사회 문화적 배경과 습관을 기독교와 동일시하는 용납할 수 없는 일을 포기한다면, 다른 사람들이 어떻게 "생각"하는지에 관심을 갖는 일이 의미가 있게 되고 필요하게 될 것입니다. 첫 번째 단계로서, 이는 우리가 접근하려는 사람들을 향한 정신적 변화를 의미합니다. 그러면 우리는 더 이상 그들이 우리처럼 될 것이라고 기대하지 않습니다. 우리는 그들에게 다다르기를 원하기 때문에 그들의 관점에서 생각하기 시작합니다. 그렇기 때문에 우리가 시도하는 것은:

• 그들의 생활 세계의 논리를 인식하려고 노력하는 일입니다: 그들은 왜 그런 존재일까요?

• 정신적 장애물과 장벽을 심각하게 받아들이는 일(가는 것과 가지 않는 것, 장소와 장소가 아닌 것 등을 구별하는 등);

• 코페르니쿠스식 전환을 완성하는 것: 오기를 기대하는 것으로부터 가려는 의지로,

• 비 복음적이고, 신앙을 위한다는 명목으로 사회 문화적 조건을 세우는 이중 개종을 포기하기: "그리스도에게로 와서 먼저 우리와 같이 되십시오!"

• 동료 인간을 돌본다는 것은 사회적일 뿐만 아니라 정신적이며 선교적으로 발생해야 한다는 이해하는 것입니다.

c) 교회 자체가 의사소통의 수단이 됩니다.

우리는 교회가 그 자체로 목적이 아니라는 것을 잘 알고 있습니다. "그리스도의 편지는 먹으로 쓴 것이 아니요 오직 살아계신 하나님의 영으로 쓴 것이며 돌비에 쓴 것이 아니요 오직 육의 마음 판에 쓴 것"(고후3:3)입니다. 교회의 사회적 존재, 사람들 가운데 그리고 사람들 사이의 상호 존재는 복음의 매체입니다. 사람들은 교회를 바라보는 대로 그리스도를 바라봅니다. 이러한 초점을 바탕으로 우리는 교회와 공동체를 다시 생각하고 있으며,

∙ 단지 사람들을 위한 교회가 아니라 분열되고 파편화된 생활 세계에서 함께하는 공동체로서,

∙ 그 사이에서 사람들이 있는 곳에 관심을 기울이는 교회로서,

∙ 움직이는 교회이자 유연한 공동체로서, 즉 도상에 있는 교회, 길 위에 있는 공동체, 그래서 두꺼운 벽과 아늑하지만 폐쇄된 정신적 공간을 떠나서 사람들과 함께하기 위해 자신의 정체성을 용해하고 포기하는 교회입니다.

∙ 완전히 다른 새로운 방식으로 하나님을 발견할 수 있게 됨으로써 "큰 유익"을 경험하는 교회입니다. 이전에는 복음에 이질적이었던 다른 문화의 맥락에서 신앙은 새로운 방식으로 열리고 교회를 풍요롭게 합니다. 우리는 가톨릭 보좌주교 클라우스 헴멀레(Klaus Hemmerle)가 "내가 당신에게 전해야 할 메시지를 새롭게 배울 수 있도록 [나로 하여금] 당신을, 당신의 생각과 말, 당신의 질문과 존재를 배우게 하라"와 같은 명령을 내린 것에 감사합니다.

• 특별히 선교-신학적인 임무를 이해하는 교회로서, 제3세계 국가가 아닌 선교 국가인 독일에서 교회는 함께 하는 삶과 상황화를 새롭게 배웁니다.

• 그렇게 개방적인 교회는 생활 세계를 지향하고 생활 세계에서 자라난 공동체에서 비롯됩니다.

d) 우리는 살아 계시고 유연하며 움직이시는 하나님처럼 소통하는 법을 배웁니다.

• 자신에게 머물지 않으시고 우리에게 오시는 분; 그 분은 하늘의 영광을 떠나 우리의 지상적이고 완전히 다른 삶의 세계의 일부가 되었습니다(빌2:5f).
• 우리와 같이 되심으로써 우리와 소통하시는 분: 우리 중 한 사람(롬8:3)이며 그렇게 함으로써 자신의 정체성을 포기하십니다(빌2:7).

• 우리의 어려운 삶의 형편을 큰 고통을 통해 알 준비가 되어 있는 분(히5:8),

• 우리와 함께 계시기 위해 변화하신

• 우리와 함께 여행하시는 분은 우리 가운데 "거하셔서"_{(문자 그}
대로 "천막을 치셔서", 요1:14), 그리하여 "천막의 하나님"이 되십니다.

• 사랑으로 인해 주시는 분 — 주심으로 사랑하시는 분.

e) "... 그리고 사랑이 없다면..."

살아계신 하나님의 소통방식을 지향하는 환경에 민감한 교회
는, 일차적으로 특정 분석 도구와 방법이 아니라 무엇보다도 본
질적으로 잃어버린 자들을 위한 사랑의 동기에 의해 특징지어
집니다. 그들에게 환경에 대한 민감성은 도움이 되지만 교회 개
혁을 위한 확실한 수단은 아닙니다. 그것은 위축되는 교회가 보
여주는 자기주장의 수단이 아니라 오히려 사람들에게 다가가
는 특정한 태도의 결과입니다. 환경에 민감한 교회는 방법을 과
대평가하거나 무리하게 요구하지 않습니다. 환경에 민감한 교
회는 주는 것을 대신 할 수 있는 것이 없다는 것을 압니다. 환경
에 민감한 교회는 방법을 적용해서가 아니라 태도의 실천을 통
해서 교회의 목표를, 교회의 갱신을 달성합니다. 의사소통에 이

교회는 사정에 따라서 사람이 대상("교인", "교회세 납세자", "선교 대상," 목회적 "돌봄 대상," "구제를 구하는 사람")이 아니라 상대가 되는 곳에서, 즉 그들이 더 이상 수단이 아닌 곳에서 성공합니다. 우리가 사랑으로 그들에게 향하는 곳에서 그들은 더 이상 수단이 아니라 궁극적인 목적이 됩니다.

희망들 -
미래의 교회는 어떤 모습일까

제 4 장

제4장

희망들 - 미래의 교회는 어떤 모습일까

우리 사회는 한때 기독교 사회였습니다. 일부 및 특정 지역에 서는 오늘날에도 여전히 그렇긴 합니다. 그런데 이런 현상이 점 점 줄어들고 있습니다. 이에 대해 우리는 어떻게 반응해야 할까 요? 이 "점점 줄어듦"이 야기하는 고통에 대처하기 위해 온 힘을 다해야 할까요? 우리는 기본적으로 정해져 있는 퇴각에 대해서, 다만 아직 남아 있는 것을 방어하기 위해서 전념하고 있는 것입 니까? 이것은 마땅한 일이지만, 전혀 앞이 보이지 않는 전략입 니다.

우리는 멈출 수 없는 탈기독교화 과정에 있습니다. 그러므로 그것을 시도하는 사람은 이미 잃어버린 것을, 아직 인정하지 않 는 것뿐입니다. [기독교는] 정치, 사회, 문화 부문에 대한 영향력이며, 대중의 지배적인 목소리라고요? 기독교 가치관이 지도 원칙으로 작동하고 있다고요? 비종교인과 기타 종교인의 수가 지속해서 증가하고 있습니다. 광범위한 교구 연결망은 점점 더 옅어지고 있습니다. 우리는 사람들이 교회에 연결되기를 원하지만, 수년 동안 일관되게 빠르게 가속화되는 수준에서 교회를 떠나는 것을 보아 왔습니다. 수세를 연기하는 경우가 점점 늘어나고 있습니다. 한마디로 우리는 전통의 붕괴를 봅니다. 우리는 제5차 교인 설문조사 결과에서처럼(!) 교회를 상대로 거리를 두는 교인들이 지속해서 늘어나는 것을 봅니다. 개신교 교회와 개신교 공동체들인 우리는 정말로 여전히 국민교회입니까? 지금 우리는 어디에 있나요? 이는 쉽게 늘어날 수 있으리라고 보는 단지 몇 개의 하이라이트입니다.

점점 다원화되는 사회에서 기독교 공동체의 증거는 그리스도교의 뿌리로부터, 수백 년 동안 이어져 온 "왕좌와 제단", 즉 "국가와 교회"의 연결로부터 점점 더 멀어져서, 더욱 힘들고 복잡해지고 어려워지고 있습니다. 우리가 현재 독일에서 느끼게 되는 것은, "기독교와 군주" 사이의 1,700년간의 연결이, 그러니까 '그 결과로 신앙 자체가 세계적인 행위자가, 권력자가 되어왔던 일'이, 종국을 맞이하게 되었다는 것입니다. 이 현상에 대해 싸

워야 할까요? 이것을 유지하려고 노력해야 합니까? 어쨌든 우리가 멈출 수 없는 것에 맞서 싸울 것이 아니라면 그것은 어떤 모습이어야 합니까? 그러면 교회는 어떻게 될까요? 아직 교회에 미래가 있습니까?

그것은 꽤 힘든 질문입니다. 그러나 그것들은 매우 중요한 것들이지요. 이 질문은 거의 모든 생동하는 그리스도인 그룹들을 고민하게 만듭니다. 무엇을 해야 합니까? 우리는 교회가 개신교적 길을 찾았다면, 하나의 개신교회가 위기에 처했을 때 언제나 해왔던 그것을 해야 하겠습니다.

우리는 하나님의 말씀에 우리 자신의 방향을 맞추고, 그리스도 안에서 우리를 개인적으로 만나주시는 하나님께 우리 자신을 재조정해야 합니다. 우리는 그리스도에게서 기준을 받아 측정해야 합니다. 나는 바울이 빌립보서 2장에서 우리에게 제시하는 그리스도의 노래로부터 시작하라고 제안하고 싶습니다. 바울은 숨 막히는 노래로 우리를 위한 그리스도를 묘사하는데, 그는 우리 눈앞에 있는 그리스도를 볼 뿐만 아니라 여기에 묘사된 하나님 아들의 태도와 길을 분명한 모범으로 삼습니다. 나는 교회가 특히 오늘날에도 이러한 모범을 고수하고 그리스도를 지향한다면 믿을 만한 증언을 찾을 수 있다고 확신합니다. 하지만 지금은 경고하고 싶습니다. 별말 아니게 들리는 것이 상당히 도전적일 수 있습니다. 제가 보는 일곱 가지 도발적 자극을 표현해 보겠습니다.

1. 교회가 무엇인지, 교회가 어떤 모습인지 알고 싶다면 이야기 하나를 잘 들어야 합니다

그것은 매우 간단하고, 매우 단순하며, 거의 진부하기까지 합니다. 하지만 이 이야기에는 모든 것이 담겨 있습니다.

> 너희 안에 이 마음을 품으라 곧 그리스도 예수의 마음이니 그는 근본 하나님의 본체이시나 하나님과 동등 됨을 취할 것으로 여기지 아니하시고, 그러나 자기를 비어 종의 형체를 가져 사람과 같이 되셨고 사람의 형체로 나타나셨으매 자기를 낮추시고 죽기까지 복종하셨으니 곧 십자가에 죽으심이라. 이러므로 하나님이 그를 지극히 높여 모든 이름 위에 뛰어난 이름을 주사 하늘과 땅과 땅 아래 있는 자들로 모든 무릎을 예수의 이름에 꿇게 하시고 모든 입으로 예수 그리스도를 주라 시인하게 하셨으니 하나님 아버지께 영광을 돌리게 하려 하

나는 여기서 우리가 신학을 접하는 이 방식이 놀랍고 모범적이라고 생각합니다. 여기에 건조한 교회 가르침은 없습니다. 신학적인 억측도 없습니다. 두드러진 교리도 없습니다. 바울은 이야기합니다. 그는 그 길을 설명합니다. 교회, 신학, 교회의 전임 사역자들 그리고 신학부의 교수진은 오랫동안 교회가 무엇인지, 교회에서 어떻게 행동해야 하는지를 법령화하고 지시하고 선언하고 이론화해 왔습니다. 그 결과, 적어도 무언가를 경험하고 싶은 사람, 창조하고 싶은 사람, 활동하고 싶은 사람 모두에게 그것은 세상에서 가장 지루하고 매력적이지 않은 것 중 하나가 되었습니다. 물론, 이 빌립보서 노래에 있어서 이 교회론은 가치가 있습니다. 미래의 교회는 바울이 한 일을 하는 교회입니다. 숨 막힐 정도로 진행하고 움직이며 그리스도 모양의 교회에 관한 이야기를 들려주는 일을 합니다. 미래의 교회는 그의 미래가 어떤 모습일지 길게 생각하지 않습니다. 이 교회는 하나님 아들이 가신 길을 따르도록 받아들이고 그분의 모험을 견뎌냅니다. "너희 안에 이 마음을 품으라 곧 그리스도 예수의 마음이니" 이것은 신호탄 문장이자 마지막 문장입니다. 그것은 우리에게 길을 보여주고 우리를 일깨워 줍니다. 우리가 그리스도께서 시작하신 이 이야기의 일부가 된다면 한 가지는 확실하고 흥미진진한 새로운 시작이 있을 것입니다. 그리고 우리 자신을 그분의 이야기에 이끌리도록 허용할 때 그것은 무미건조한 신학과 교리에 관한 것이 아니라 삶에 관한 것이 됩니다.

2. 미래의 교회는 안전한 성을 떠나 위험을 무릅쓰고 나아가는 교회입니다

물론 문자 그대로 두꺼운 교회 벽 뒤에 진을 치고 충성하는 사람들을 모아 함께 행동하는 것도 가능하겠습니다. 그래서 과거를 미화하고 손실을 아쉬워하면서 이전의 복원을 촉구하고 요구하거나 아직 지킬 것이 있다면 도개교를 올리고 쇠창살을 둘러치는 것입니다. 낯선 정신을 못 들어오게 밖에 붙잡아두고, 점점 줄어들고 있는 소위 제대로 믿는 자들의 공동체를 의심스럽게 붙들고 있는 모양으로 자신을 강화하는 것입니다.

[그러나] 미래의 교회는 빌립보서 2장에 기초를 두고 있습니다. 여기서 아들이 하나님의 영광이 있는 하늘 성을 열어젖히고 나오는 이유는 특별히 언급하지 않더라도 분명합니다. 그를 움

직이는 것은 거기에 없는 사람들, 실종된 사람들, 즉 잃어버린 자들에 대한 사랑입니다. 고대 세계에서 "하나님과 동등 됨"은 최고의 즐거움, 즉 행복의 전형입니다. 하나님의 아들은 아버지와 있을 때 더할 나위 없이 잘 계신 것입니다. 이보다 더 좋은 것은 없습니다. 그러나 아들은 이 행복을 문자 그대로 전리품처럼 움켜쥐지 않았습니다. 그는 조건 없이 하나님 가까이에 머무는 이 행복을 자신만을 위해서 가지려고 하지 않았습니다.

여기서 우리는 우리 교회의 견고한 벽에서 그렇게 벗어나기 위한 하나의 중심 모티브를 마주하고 서게 됩니다. 미래의 교회, 미래가 있는 교회[의 시대]가 열립니다. 이 교회는 하나님의 아들에게서 기준을 잡습니다. 이 교회는 거기에 없는 사람들을 아쉬워합니다. 이 교회는 자기 자신만으로 만족하지 않습니다. 이 교회는 전리품처럼 국가와 사회에서 전통 문화유산과 계약상 확보된 지위를 고수하지 않습니다. 이 교회는 언어학적으로, 또한 신학적으로 자신이 알고 있는 것을 떠나서, 독특한 판매 포인트(USP)를 찾는 일에 위험을 무릅씁니다.

물론, 다른 반응이 있을 수 있습니다. 만약 모든 것이 줄어들고, 모든 곳에서 양적, 질적으로, 교인 수와 성경 지식, 영적 생활과 제자도에 대한 헌신에서 단절과 쇠퇴를 관찰하게 된다면, 이에 따라 우리 자신의 쇠퇴도 당연하게 여길 것입니다. 그렇다면 걱정과 두려움으로 인해 책임을 맡은 사람들이 방어적으로 되는 것이 당연한 일이겠지요. 이러한 태도가 다음과 같이 점점 더 굳어집니다. 궁극적으로 우리를 더욱 약화할 수 있는 어떤 위험도 감수하지 말자는 것입니다. 실험하는 일은 하지 말아야 합니다. 평가해서 안전하다고 판단되는 것에 머물러야 합니다. 자꾸 물러나지 말고! 경계를 설정하고 방수벽을 쳐야한다는 태도입니다. 이것은 영적 각성에 지쳐있거나, 아직 구해낼 수 있는 어떤 것이라도 보이는 대로 구하려고 하는 교회 치리회들에게서 인지되는 전반적인 태도입니다.

이것은 미래의 교회, 미래가 있는 교회의 행동 방식이 아닙니다. 미래가 있는 교회는 교회의 주님을 따릅니다. 아들이 아버지와 함께하는 안전한 공동체를 떠나듯이, 교회도 경건한 사람들의 공동체를 떠납니다. 이 교회는 자신이 만든 문화적 게토, 자신 스스로 갖는 "환경 속박"(볼프강 후베), 오랫동안 지켜온 고정된 규칙과 질서의 틀에서, 그것을 지탱해주던 코르셋으로부터 이제는 숨을 못 쉬게 만드는 코르사주가 된 그것에서 벗어납니다. 미래의 교회는 안전한 성을 떠납니다. 이 교회는 비기독교적이지는 않지만 반기독교적인, 교회 없이 만들어지는 주도적 문화가 만드는 새로운 바람에 마주 섭니다. 이 교회는 전통 중심적이고 보수적인 사고방식의 고정관념을 깨고, 지금까지 문화적 타락 현상이라고 치부해 왔던 후현대기의 기본 성향과 씨름합니다. 이 교회는 보수주의자와 현대인 모두에게 인기를 누리고 있는 시대정신을 깎아내리는 비난에 가담하지 않습니다. 잘 모르는 다른 삶의 세계에서 육화되어서 그 안에 자리를 잡고 집을 발견하려고 교회는 하나님의 아들이 하신 그대로 그분을 좇아갑니다. 이 교회는 이상하게도 자기를 잃어버리는 것에 대한 두려움이 거의 없습니다. 그 교회를 움직이는 것이 하나님의 말씀이신 그리스도라면, 교회는 교회가 만나는 사람들의 삶을 변화시키고 있다는 것을 압니다. 교회와 함께 계시며 교회를 통하여 일하시는 분 말입니다.

미래가 있는 교회는 자신이 환경적인 교회임을 인식하고, 아무리 하늘나라 같고, 그렇게 따뜻하고, 그렇게 유혹적이고, 친숙할지라도 이 환경을 떠날 준비가 되어 있습니다. 왜냐하면 교회는 실제로 여기에 있어야 할 많은 사람이 실종되어 있다는 것을 깨달았기 때문입니다. 이전과 마찬가지로 미래의 교회는 거기에 속해 있지만, 거기에 없는 사람들에 대해 매우 강렬하고 감동적이고 감동을 주는 사랑이 있습니다. 그렇게 교회는 거기에 없는 사람들을 향한 이러한 인식을 통해 움직일 수 있습니다.

3. 미래의 교회는 정체성을 포기함으로써 미래를 얻습니다

정체성을 포기한다고요? 가능한가요? 그런 걸 요구할 수 있나요? 그 생각은 책임감 있는 생각인가요? 적어도 현대인에게는 정체성이 가장 중요한 핵심 가치가 아닐까요? 우리가 우리이기를 원한다면 우리가 누구인지 알아야 하는 것 아닌가요? 정체성을 포기하는 사람은 위험하고 위태로운 방식으로 자기의 방향을 잃는 것이 아닌가요?

하나님의 아들에 관해서 말하는 내용은 바로 이것입니다: 그는 자기를 비우셨습니다. 그렇게 문자 그대로 빌립보서 2장에 말합니다. 그는 자신을 아무것도 아닌 자로 만드셨습니다. 하나님의 아들은 우리에게 오셔서 우리 중 하나가 되시고, 성육신하셨습니다. 성탄절을 가리키는 신학 전문용어로 말하는 것처럼, 그는 육신으로 오셔서, 우리의 육신으로 오셔서, 우리 인간 됨 안으로 들어오십니다. 그때 그는 본래대로 머무실 수가 없었습니다. 그가 누구이고 누구셨는지를 그대로 가지고 계실 수가 없습니다. 그렇지 않으면 그는 우리처럼 될 수 없죠. 그는 육체를, 즉 형태를 취하셨는데, 그것을 히브리서에서 다음과 같이 묘사하고 있습니다. 그분도 우리와 마찬가지로 모든 일에 시험을 받으셨습니다(히4:15). 그렇게 하나님의 아들은 인간이 된다는 것이 무엇을 의미하는지 알게 되셨습니다. 그는 인간으로 산다는 것이 무엇을 의미하는지 직접 경험하셨습니다. 히브리서 5장 7절은 "하나님의 아들이 세상에 계실 때에 자기를 죽음에서 능히 구원하실 이에게 큰 통곡과 눈물로 간구와 소원을 올렸다"라고 말합니다. 히브리서는 예수의 삶이 절정에 달했던 겟세마네를, 그 수난을 회상합니다. 하나님의 아들은 우리 중 하나가 되시려고, 단지 옷만 갈아입으신 것이 아닙니다. 권세, 명예, 위신, 권위는 뒤로 하셨습니다.

그러한 과정을 권장할 수 있겠습니까? 이거 너무 위험한 것 아닙니까? 대답은 이렇습니다: 이것이 목표를 달성할 수 있는 유일한 방법입니다. 이것이 의사소통을 할 수 있는 유일한 방법입니다. 이것이 정말 다르고 낯선 것과 접촉할 수 있는 유일한 방법입니다. 나 자신에게 머물러 있는 한, 다른 사람에게는 낯선 사람으로 머무르게 됩니다. 내가 다른 사람을 얻고 싶다면 그의 삶으로 들어가야 합니다. 나는 그의 삶의 조건을 공유하고, 그의 세계로 들어가고, 그의 문턱을 통과해야 합니다.

그러나 어떤 것들은 더 이상 작동하지 않습니다. 그리고 그것이 바로 많은 사람이 두려워하는 것입니다. 우리가 정말로 이렇게 하려고 한다면, 참다운 삶, 영적인 삶, 그리고 그것을 어떻게 올바로 이끌어 갈 것인지에 관한 생각이 우리 실제적 삶과는 완전히 동떨어져 있고 때로는 약간 독선적이라는 사실을 깨닫게 될 것입니다. 그러면 당신 자신의 구상은 결국 깨지기 쉽고 벗어나게 될 수 있습니다. 미래의 교회는 이론을 세우는 것이 아니라 구체적으로 시도하는 것입니다. 이 교회는 관계에 대해 추상적으로 알지 않습니다. 교회는 이 관계를 배우게 됩니다. 이 교회는 그 안에 들어가서, 자신[의 계획]을 늦추게 되고, 견디고, 삶이 얼마나 어려울 수 있는지, 실패가 얼마나 가까운지, 얼마나 많은 기운이 필요한지, 그리고 종종 부재한 그 버팀목이 얼마나 필요한지, 그리고 이것을 견뎌내기 위해 얼마나 많은 사랑이 필요한지를 겪습니다. 그렇게 되면 교회는 자비로워지고, 판단하려는 흥미를 잃게 됩니다. 교회가 변화하고 있는 것이죠.

교회는 단지 돕고 싶은 마음을 갖고 있을 뿐입니다. 교회는 자신의 이상적인 해결책이 실재에 부딪혀서 줄지어 산산조각이 난 후 더 이상 정확히 어떻게 되었는지를 알지 못합니다. 교회가 아는 것은 더 많은 사랑이 필요하다는 것, 더 많이 사랑하려 하는 것, 자비를 베풀기를 원한다는 것뿐입니다.

히브리서 5장 8절은 그가 아들이시지만 고난을 통해 배우셨다고 말합니다. 미래의 교회는 바로 그 일, 즉 배우고 알아가는 일을 할 준비가 되어 있습니다. 지식을 어떤 것이라고 할 때, 물론 아들은 모든 것을 알고 있습니다. 하지만 서로 알아간다는 것, 인식한다는 것, 관계한다는 것은 다른 문제입니다. 그리고 이것이 바로 바울에 따르면 우리가 인식해야 하는 방식입니다. 판단과 정죄를 불가능하게 만드는 만남에서, 참여에서, 상대해서, 관계에서 말이지요 ― "지식은 교만하게 하며, 그러나 사랑은 덕을 세우나니. 누구든지 자기가 무엇을 안 줄로 생각하면 아직도 마땅히 알 것을 알지 못하는 것"(고전 8:1f)이라는 히브리서를 우리는 다시 인용합니다.

"우리에게 있는 대제사장은 우리의 연약함을 동정하지 못하실 이가 아니요, 모든 일에 우리와 똑같이 시험을 받으신 이로되 죄는 없으시 니라. 그러므로 우리는 긍휼하심을 받고 때를 따라 돕는 은혜를 얻

기 위하여 은혜의 보좌 앞에 담대히 나아갈 것이니라."(히4:15이하)

우리에게 자비로운 대제사장이 있다는 사실은 바로 그리스도께서 친히 우리의 삶의 형편을 아시고 그 형편으로 인해 고통을 당하셨다는 것에 근거하기 때문입니다.

자비는 항상 의심스러웠습니다. 그것은 항상 위험한 것으로 간주되어 왔습니다. 정의가 더 이상 중요하지 않고 오히려 자비가 중요할 때 우리는 결국 어디로 가게 됩니까? 자비롭다는 것은 고정적이고 엄격하며 일반적으로 적용되는 규정을 약화합니다. 자비 역시 사랑으로 인해 정체성을 해체하기 때문에 불안합니다. 요한복음 8장의 인자 — 세상 심판관처럼 자비는 더 이상 심판할 수 없고 심판하기를 좋아하지 않기 때문입니다. 그분은 간음 중에 잡힌 여자에게 "그러므로 나도 너를 정죄하지 아니하노라"는 말씀으로 그녀를 놓아주십니다(요8:11).

여기 이 인자처럼 행동한다면 어떤 일은 실패를 볼 것입니다. 고정된 방향, 세상이 어떻게 돌아가는지, 교회가 어떻게 되어야 하는지에 대해서 미래의 교회는 더 이상 자신을 정의하지 않습니다. 이 교회는 더 이상 자신을 [세상과] 분리함으로써 자기 정체성을 얻으려 하지 않습니다. 교회는 단지 경계를 짓는 문화로부터 자신을 분리합니다. 교회는 더 이상 자신을 악하고 나쁜 세상으로부터 분리하지 않습니다.

4. 미래의 교회는 모든 자기주장을 포기합니다

미래의 교회가 시장에 나와 있습니다. 더 이상 진실을 독점할 수 없습니다. 이는 진리를 소유하고 다른 사람들이 어떻게 올바르게 생각하고 살아야 하는지를 명령하는 오래된 습관을 포기하는 것을 의미합니다.

포스트모던의 진리 다원주의 속에서 미래의 교회는 진리 선포를 포기함으로써 신뢰를 얻습니다. 진리가 하나가 아니라 여럿이라면 모든 개인이 자신의 진실에 대한 권리를 갖고 있고 그것이 자신의 진실이라면, 모든 사람에게 적용되는 진실을 다른 사람에게 알리고 싶어 하는 것은 침해적인 지배 행위가 될 것입니다. [그러나] 명심하십시오: 우리는 진리를 포기하지 않습니다. 우리는 우리 삶을 하나로 묶는 것, 즉 예수 그리스도가 진리요 유일하신 분이라는 우리의 가장 깊은 확신을 포기하지 않습니다. 그러나 우리는 포스트모던적 맥락에서 오해를 받을 수밖에 없는 의사소통 방식을 포기합니다.

포스트모더니즘은 진실이라는 위대한 말을 하고 그것을 그들 앞에 전달하려는 모든 사람에 대해 당연히 비판적이고 유보적이 되었습니다. 진리를 선포한다는 것은 누군가가 다른 사람들을 자신의 깃발 아래로 끌어들이려고 노력한다는 것을 의미하며, 단 하나의 진리, 즉 자신의 진리만을 갖고 있는 사람이 그것을 모든 사람에게 의무적으로 만들려고 노력한다는 것을 의미합니다. 포스트모더니즘은 그러한 진리 주장이 위장된 자기 주장에 불과하다고 알고 있습니다. 이 단어의 이중 의미에서 보면, 누군가는 분명히 무언가를 주장하지만 실제로 거기에는 자신의 개인적이고 개별적인 견해를 관철하는 것만이 중요합니다. 포스트모던 시대의 사람들은 멀리서 그 냄새를 맡고 알레르기 반응을 보입니다. 미래의 교회는 다른 사람들을 지배하고 조종하며 그들을 자신의 목적에 끌어들이기를 원하는 이러한 의심에 스스로를 내맡기지 않을 것입니다. 교회는 그것이 필요한 것도 아닙니다. 교회가 진실이고 옳을 필요도 없습니다. 그것은 전혀 중요하지 않습니다. 교회는 자신을 주장할 필요가 없습니다. 교회는 오직 그리스도만을 주장합니다. 교회에는 그 분이 중요합니다. 이 분을 교회는 상품 진열장에 전시합니다.

미래의 교회는 자신을 방어할 필요성 역시 포기합니다. 교회는 더 이상 자기 사안에 급급하지 않고, 무엇보다도 교회의 개혁, 자신의 재원, 자기의 규칙에도, 자기를 매력적이게 하는 일에도 그리고 사회적으로 받아들여지는 일로도 바쁘지 않습니다.

그리고 바로 이 느슨함, 이 여유, 이 자기주장의 포기, 꼭 이래야 한다는 것이 없는 이것이 교회를 매력적이고 흥미롭게 만듭니다. 이것이 바로 이 교회 뒤에 도대체 무엇이 있는지를 궁금하게 만드는 것입니다.

우리는 과장된 말과 메시지를 생산하는 시대에 살고 있습니다. 미래의 교회는 단지 말만 하는 것이 아닙니다. 교회가 메시지입니다. 그렇지 않으면 교회는 말만 하고 미래는 없습니다. 교회는 그동안 교회의 역사 속에서 말을 충분히 해왔습니다. 교회가 누구를 믿고 누구를 희망하는지를 보여주는 믿을 만한 삶의 외형이 필요합니다. 어떤 확신이기에 그러한 삶의 외형을 가능하게 만드는지를 다른 사람들이 알고 싶어 하도록 자극을 주는, "질문할만한" 삶이 필요한 것입니다.

미래의 교회는 받은 사랑, 경험하는 자비, 실현된 용서, 조건 없는 수용으로 사는 것입니다.

교회에 속한 사람들은 하나님이 왜 그들을 사랑하시는지를 말할 수 있습니다. 그들은 용서를 경험했으며 그것이 어떻게 삶을 변화시킬 수 있는지 알고 있습니다. 그들은 그것을 수천 번이나 말했고 이제 마침내 확신하게 된 것입니다: 하나님께서는 참으로 그들을 있는 그대로 무조건 받아들이신다는 것 말입니다. 그들은 스스로 그것을 알고 인정할 수 있습니다: 만일 하나님이 자비로우시지 않다면 우리는 살 수가 없습니다. 즉 그분과 함께 살 수 없을 뿐 아니라 실제로 우리 자신들과도 함께 살 수 없을 것입니다. 이러한 점은 사람들을 겸손하게 할 뿐 아니라 여유롭고 무한히 자유롭게 만듭니다. 더 이상 자신이나 다른 사람에게 아무것도 증명할 필요가 없습니다. 그들은 그들 그대로 있을 수 있습니다. 그리고 이는 미래의 교회가 점점 더 다른 사람들과 어울릴 수 있게 만듭니다. 그것은 그들을 관대하고, 참을성 있고, 오래 참으며, 친절하게 만듭니다.

이를 신학적인 용어로 표현해서 안전하게 정리해 본다면 (신학자들은 이런 것이 필요하지요. 그렇지 않으면 그들은 종종 불안함을 느끼니까요): 미래의 교회는 진리를 주장하지 않고 진리로부터 살아갑니다(참조, 요한 2서 및 요한 3서). 그렇지 않으면 교회는 단지 말만 하고 누구도 더 이상 그 말을 들을 수 없게 됩니다.

5. 미래의 교회는 이동적이고 유연한 교회입니다

이 교회는 끊임 없이 도상에 계시며, 우리에게로, 우리와 함께 길을 가시는 하나님, 이동할 수 있는 성소에서 그의 백성 이스라엘과 동행하시는 하나님, 인간이 되신 하나님을 측정의 기준으로 삼습니다. 집을 가지신 적이 없고 우리 가운데 "천막을 치는"(요1:14) 분이십니다. 우리와 함께 계시기 위해 그리고 우리에게 적응하기 위해 끊임없이 변화하시는 분이십니다(다니엘 2장).

미래의 교회는 교회가 존재론적으로 어떤 모습이어야 하는지를 생각하고, 기존에 가지고 있던 교회 이미지를 버리게 될 것입니다. 미래의 교회는 사람들과 함께 계시기를 원하시는 하나님을 교회론의 기초로 삼고 있습니다. 교회를 통해서, 그것이 교회의 존재 이유이고 유일한 정당성이기 때문에, 하나님은 사람들과 함께하시기를 원하십니다.

이 교회는, 그 중요성을 아무리 강조해도 지나치지 않을 만큼, 근본적인 변화를 일으키고 있습니다. 전통적인 오는-구조에서 벗어나서, 사람들이 교회에 오는 것이 당연하고 의무적으로 와야 한다는 기대에서 벗어나는 것입니다. 가는-구조로, "우리가 그리로 간다"는 태도로 전향하는 것입니다. 교회당과 교육관이 많은 사람을 위한 장소가 아닐 때, 많은 생활환경에서 교회란 당연하게 발견되는 곳이 아니라는 특징을 가질 때, 그러니까 사람들이 교회에 오지 않을 때, 단지 4%만이 교회의 주요 행사인 예배에 참여할 때, 교회는 교회의 위대한 모범처럼 다가가는 거죠. 미래의 교회는 "원치 않는 자는 이미 필요한 것을 갖고 있다는 뜻이다. 우리는 만인을 위한 교회를 하고 있는데, 이 교회가 마음에 들지 않는다면 그것은 당신 자신의 잘못이다"라는 식의 주장을 따르지 않습니다.

미래의 교회는 특히 현대적이고 포스트모던적인 태도를 가진 사람들이 심지어 일상적인 미학의 수준에서도 접근을 어렵게 하거나 차단하는 문화적 장벽과 생활 세계의 문턱을 존중합니다. 소금 뿌린 막대 과자나 사과 탄산 쥬스는 내 세계가 아닙니다. 감자샐러드를 곁들인 소시지도 마찬가지로 아닙니다. 나는 그것에 대해 생각할 필요조차 없습니다. 나는 여기에 속하지 않습니다. 칵테일과 스시라면 뭔가 좀 다르기는 하겠지요.

이런 면에서도 이 교회는 겸손하고 시중을 들려고 하는 교회입니다. 이 교회는 교회, 공동체, 예배를 최적화하고, 좀 더 편안하게 만들고, 프로그램을 더욱 매력적으로 만들고, 훨씬 더 다양하고 다른 것을 단지 "제공"하는 것만으로는 충분하지 않다는 것을 깨닫습니다. 이 교회는 사람들과 함께 있고 그들과 함께 여행하기 때문에, 사람들이 완전히 다른 방식으로 참여하도록 격려받기를 원한다는 것을 알고 있습니다. 일부는 "제공 받는 것"을 전혀 원하지 않고, 일부는 단순히 참여하기를 원하고, 스스로 하려고 합니다. 또, 수동적으로 앉아 있으려 하지 않고 해보려고 합니다. 규칙에 따라 행동하는 것이 아니라 스스로 규칙을 만들려고 합니다. 기존 공간을 채우는 것이 아니라 새로운 공간을 창조하려 합니다.

미래의 교회는 사람들의 입장에서 생각합니다. 이 교회는 자기 자신을, 교회의 전통을, 주어진 상황을, 교회의 규칙 및 관심을 표준과 출발점으로 삼지 않습니다.

미래의 교회는 바로 기운을 다 써버립니다. 교회는 뭉치지 않고 녹아서 정확하게 작용하는 소금입니다.

미래의 교회는 일요일과 주중의 교회로서, 교회에서와 술집에서, 숲에서와 박람회장에서, 스포츠 행사에서와 4성급 호텔에서, 캠프장과 공동묘지의 카페에서 예배를 드립니다. 이 교회는 오직 한 가지 규칙만 알고 있습니다. 사람들이 있는 곳에 교회가 있다는 것입니다. 물론 불쌍한 남녀 목사가 모든 일을 할 수는 없겠지요. 교회는 그들을 이미 오래전에 부담에서 해방했습니다. 그들은 단지 전망하는 일을 위해 존재하는 것입니다. 다양성의 관리자로서, 그들은 교회가 가능한 한 많은 삶의 영역에 존재하도록 하고 좁은 환경을 극복하는 것을 관찰합니다. 그렇기 때문에 미래의 교회는 다른, 완전히 다른, 비교회적인 장소들, 완전히 비교회적이고 비기독교적인 시대에도 맞는 교회를 생각합니다. 한편으로는 정주하고 있지만 다른 한편으로는 끊임없이 변화하는 장소에 있는 교회입니다. 이 교회가 혼자서는 모든 일을 할 수 없기에, 교회는 자연스럽게 다른 사람들과 상의하고, 모든 생활환경에서, 그리고 교회에서 가장 멀리 떨어져 있는 사람들에게도 복음을 구체적인 형태로 제시하는 것을 공동의 과제로 여깁니다. 미래의 교회는 진지하고 집중적으로 참여하고 싶은 사람들을 위한 교회, 그리고 우선 교회의 한 부분을 맛보고 알고 싶은 사람들을 위해 특정 영역에만 교회에 발을 들여놓을 수도 있게 하는 교회입니다.

미래의 교회는 접근하지만, 거리를 두는 기간을 가능하게 만들고, 이를 심지어 당연하게 여기며 시험 삼아 교인이 되는 것을 제공하는 교회입니다. 이 교회는 너무 열려 있어서 더 이상 틈새를 막을 수 없이 됩니다. 그리고 사람들은 그것을 느낍니다.

교구적, 지역적, 지역공동체적 체제를 달리 교체하는 문제가 아니라, 그것을 어떻게 보완할 수 있는가를 묻는 것입니다. 만약 이러한 교회의 구조와 교회가 제공하는 것으로 다다르지 않는 사람들이 많다면, 우리는 교회가 어떤 추가적이고 보완적인 형태를 취할 수 있는지 자문해 보아야 합니다. [교회가 가지고 있는] 장소, 시간, 기간의 불변성은 매우 많은 사람의 생활 조건이 바로 이러한 불변성과 연속성으로 각인되었던 오래된 과거의 특징입니다. 오늘날 그렇게 살 수 있다면 그것은 거의 특권입니다. 우리는 [생의] 전기적 단절에 부딪혀서, 특히 이사, 별

거, 조각모음 같은 생활의 현실적 경험을 통해서, 교회가 제공하고 정상이라고 가정한 것들을 비현실적이라고 보게 됩니다. 6년 동안 당회원으로서 교회에서 함께 일했습니까? 아마 예상컨대 여기서 그렇게 오래 살지는 못할 것 같습니다. 그런 규칙이 있다면 나를 이 교회에 들이게 될까요?

우리는 교회를 영구적이고 장소와 시간에 고정되어 있는 기관과 다르게도 생각할 수 있겠습니까? 특정해서, 이용 가능한 기간이 있는, 시간과 기회에 따라서 존재하는 교회가 있을 수도 있겠습니까? 장소를 바꾸고 사람들과 함께 이동하는 교회가 있을 수 있을까요? 교회 회원 자격은 항상 영원한 것입니까? 거기에서 간만 좀 볼 수는 없나요? 시험 삼아 경험할 수 있는 교회도 있나요?

이런 일을 시도할 때에 우리는 전해 내려오고 그렇게 형성된 정체성을 포기합니다. - 그러면 교회를 포기하는 것이냐고요? 우리는 역사적으로 성장한 형태의 교회를 떠나고 있지만, 그렇게 함으로써 우리는 사람들, 특히 전통적이고 관습적인 형태의 교회 생활과 거의 또는 전혀 관련이 없는 사람들과 더 가까워집니다. 그렇게 우리는 그리스도의 길을 따라 하는 것입니다.

영적인 활동은 우리에게 유익을 주어야 하며, 우리 기관과 시설에 유익을 주어야 합니다. 거기에는 사람들이 다만 이차적으로 중요합니다. 당신은 이것을 알고 있습니다. 청소년 사역을 하는 이유는 무엇입니까? 젊은이들은 떠나고 있고 우리 공동체는 빈 곳을 바라봅니다. 그러니까 청소년 자체는 전혀 중요하지 않다는 말입니다. 사실, 나의 교회가 중요할 뿐이죠. 이것은 부정적인 예입니다. 당연히 더 순수하고 섬세한 형태도 존재합니다. 어느 더운 날 교회 공동체는 성경 구절이 적혀있고, 교회 공동체의 이름과 주소도 붙어 있는 컵에 시원한 물을 나눠줍니다.

모두가 그렇겠지만, 특히 포스트모던 동시대인들은 그러한 전략에 민감하며 진실이든지, 타인의 목적을 얻으려 하든지 간에, 모든 시도에 반대로 반응합니다. 도구화되기를 원하지 않기 때문입니다. 그러기에는 우리가 너무 훌륭하고 너무 가치 있는 존재라는 것입니다. 우리는 스스로 가치 있게 여겨지기를 원합니다. 그리고 누구나 선물을 받고 싶어 합니다. 하지만 우리는 불쾌한 놀라움은 믿으려 하지 않습니다. 보통 그렇죠. 우리는 준비된 미끼가 누군가가 우리를 잡으려고 하는 숨겨진 갈고리라고 의심하게 됩니다. 누군가가 나에게 무료로 공개하려는 진실, 그 진실이 문제라고요. 정말 [진실]입니까? 누군가를 전도하고 다른 사람들을 자신의 깃발 아래로 끌어들이는 것은 나중에 그들을 지배하려는 것 아닙니까?

미래의 교회는 목적 없이 베푸는 것에 성공할 것입니다. 이 교회는 하나님의 아들을 따르는데, 그 아들에게서 인간은 하나님의 길의 궁극적인 목표입니다. 예수님은 부자 청년을 만나 그와 신학적인 대화를 나누시며 그를 위해 수고하셨습니다. 하지만 청년은 아직 준비되어 있지 않습니다. 예수님은 무엇을 하시나요? 실망해서 돌아서셨나요? 그가 그 사람을 정죄합니까? 목표를 달성하지 못한 쓸데없는 헌신에 짜증이 나셨나요? 그는 상대방의 태도를 존중하사 주저함 없이 그를 놓아주시고 그를 [여전히] 사랑하셨습니다(막10:17-27).

처음부터 다른 사람의 자유를 존중하는 것을 중요시하고, 독립적인 개인으로서, 즉 그 자신으로서의 존엄성을 존중하는 것이라면, 누군가를 얻어낼 수는 없어도 여전히 그를 사랑할 수 있습니다. 우리는 부모로서 이것을 알고 있습니다. 아들이 우리가 하라고 한 일을 하지 않거나 나중에 하라고 조언한 일을 하지 않아도 우리는 아들을 여전히 사랑하지요? 우리에게 그 아들이 중요합니까, 아니면 그가 우리가 말하는 대로 행하는 것이 중요합니까?

미래의 교회는 시대정신에 의해 과장된 것으로 추정되는 개인주의와 그에 따른 통제할 수 없는 다원성에 대해 부정적으로 반응하지 않습니다. 이 교회는 너무나 비기독교적인 포스트모더니즘에 대한 인기 있는 문화비평에 참여하지 않습니다. 개인은 절대적인가요? 미래의 교회는 기독교 신앙의 이름으로 후기 니체의 이러한 통찰력을 분개하여 거부할 이유가 없다고 생각합니다. 인간 개개인이 하나님의 길의 궁극적이고 탁월한 목표가 아닙니까? 엄청나게 중요하지 않은가요? 살아계신 하나님께서 그를 너무나 사랑하셔서 그를 위해 자신의 생명을 거시고 심지어 그 과정에서 생명을 잃기까지 하셨다는 것은 분명히 절대적인 중요성을 갖지 않습니까? 당신은 사람들을 이보다 더 높게 생각할 수 있습니까? 사람을 이보다 더 소중히 여길 수 있나요?

미래의 교회는 개인에 대한 가치평가에 있어서, 그리고 삶의 형태의 다양성의 일관성 측면에서 누구에게도 떨어지지 않습니다. 교회는 각 사람을 하나님의 개인적이고 독특하며 유일한 생각으로 취급합니다. 미래의 교회는 사람들의 가치를 성과, 기술, 능력, 젊음, 힘으로 측정하는 사람들에게 반드시 인기를 끌지는 않을 것입니다. 바로 이것이 자신의 목적을 위해 사람들을 점점 더 많이 이용하는 경제 사회에서 그들의 비판적 영향을 만듭니다.

7. 미래의 교회는 다양성 속에서 하나 됨입니다

미래의 교회는 "우리는 하나"라는 의미를 보여줍니다. 단일 문화, 획일성, 동일성, 단조로움을 통한 하나가 아닙니다. 일반적으로 부르주아 보수적이거나 사회-생태적 녹색 태도가 속도를 설정하고 지휘봉을 휘두르며 좇아가게 만들기 때문에 하나 됨이 이루어지는 것이 아닙니다.

아니지요, 우리는 다양성 속에서 하나입니다. 우리를 분열시키는 것이 아니라 우리를 풍요롭게 하는 반대를 수용하는 다양성 속에서 말입니다. 우리가 제거하고 싶지 않은 차이점은 오히려 미래의 교회를 매력적으로 만들고 세속 사회에 깊숙이 도킹할 기회를 의미합니다. 우리는 단지 견딜 수 없고 견디고 싶지 않은 반대되는 것을 그냥 더하는 것으로 하나가 되는 것이 아닙니다.

미래의 교회는 다원성에 있어서 유능합니다. 이 교회는 복수형인데, 복수성과 관용성을 명령하거나, 많은 것들과 다양한 것들의 일치를 단지 요구하거나 실현해서가 아닙니다.

미래의 교회는 어떤 묶는 힘이 그리스도에 대한 공동 충성심을 문화와 생활 세계, 사회 계층들과 사고방식들을 넘어서게 하는지를 재발견하기 때문에 복수형이면서 동시에 하나입니다.

미래의 교회는 이러한 공통적이고 단합된 충성심으로 살아갑니다. 미래를 가진 교회는 두 가지로, 다원적이면서도 집중적이며, 다양하면서도 공통 중심에 초점을 맞추고 있습니다. 서로 다른 방향에 있는 모든 사람이 반대 견해에서도, 서로 다른 속도, 서로 다른 거리에서 접근하는 공통의 중심 말입니다. 미래가 있는 교회는 다양한 특징들이 복음을 얼마나 다양하게 열어 주는지를 경험합니다. 어떻게 이 다른 환경이 복음의 매우 다른, 아마도 오랫동안 무시되었던 차원을 환하게 드러내는지를 말입니다. 미래의 교회는 많은 사람이 고향을 찾을 수 있는 부유한 교회입니다.

미래의 교회는 경건하면서도 세속적인 교회입니다. 이 분,
수가 교회와 교회 가담자들의 초점이 될수록, 그가 더 많이
러날수록, 그의 현존이 더 분명할수록, 교회는 더 집중되고
시에 교회 자신으로부터 더 자유로워지고, 교회를 지배하는
징은 줄어들고 더 개방적이고 집중적으로 됩니다.

미래가 있는 교회는 자신을 정의하지 않습니다. 경계를 ㄷ
면서 살지 않습니다. 교회는 오직 그리스도에 의해서만 살
그렇지 않으면 살지 못합니다. 교회는 알고 있습니다: 만일
가 교회를 살리고 유지하지 않는다면, 그 교회는 더 이상 ㅍ
가 아니며 더 이상 필요하지 않다는 것입니다.

행복한 결말은 아니지만,
감당할 수 있는 희망

맺는말

행복한 결말은 아니지만,
감당할 수 있는 희망

콘스탄티누스 시대가 끝나가고 있습니다.

콘스탄티누스 시대는 독일에서도 종말을 맞이하는 것처럼 보입니다. 기독교적인 확신, 심지어 신앙의 확신도 더 이상 당연하게 여겨지지 않고 있습니다. 기독교적 정신은 더 이상 일반적으로 공유되지 않습니다. 거대한 기독교적 종교사회들의 특권이 제거되고 독점이 도전받고 있습니다. 지속적으로 교회를 떠나는 사람들의 숫자는 빙산의 일각에 불과합니다. 온갖 노력에도 불구하고 세속화 과정이라고 다소 모호하게 정의되는 이 전체적인 진행은 멈출 수 없고, 그것은 이토록 피곤한 일입니다.

우울한 음색은 여러 곳에서 발생합니다. 아직 구출할 수 있는 것은 구출하세요. 아직도 붙잡을 수 있는 것은 붙잡으세요! 그 결과 많은 곳에서 지나친 안정성 추구, 유연성 부족이 나타나고, 출발할 힘이나 의지는 거의 없습니다.

하지만 이 과정, 우리가 함께 경험하고 함께 만들어갈 수 있는 이 시대적인 단절은 정말로 단지 문제일까요, 아니면 기회이기도 할까요?

제5차 교인 조사는 전통의 단절과 사회의 탈기독교화를 입증한 것만이 아닙니다. 또한 이는 자신들의 교회와 연결되어 있거나 또한 매우 긴밀히 연결된 사람들의 비율이, 콘스탄티누스 시대와의 작별과정에서, 아니면 영국 사람들이 말하는 것처럼 기독교 왕국 후기가 보여주는 경향과는 반대로, 그 어느 때보다 높다는 것을 보여줍니다. 이 사실을 제대로 인식해야 할 것입니다. 오늘날 기독교 신앙은 더 이상 속하고 싶고 무언가가 되고 싶다면 고수해야 하는 명백한 주류 종교가 아닙니다. 다종교, 종교적 다원주의 사회에서 종교는 선택의 문제입니다. 그것은 선택 사항이며, 오늘날 많은 환경에서 당신이 교회에 속해 있다면 그 이유를 말할 수 있어야 합니다. 하필이면 이러한 사회적 맥락에서 과거에는 확정해본 적이 없던 연결성의 정도, 참여 자세, 교회와의 친밀성이 보이게 됩니다. 마치 그것이 희망적인 신호가 아닌 것처럼!

이는 많은 사람이 알고 느끼는 사실을 나타냅니다. 올바르게 인식된 전통과의 단절에는 사람들이 편견 없는 새로운 방식으로 복음을 접하고 완전히 다른 방식으로 복음의 영향을 받을 엄청난 기회도 포함됩니다. 예를 들어 디아코니아 분야에서, 때로는 학교와 유치원에서처럼 우리는 더 이상 대중적, 사회적 존재감을 실질적으로 채울 수 없는 경우를 얼마나 자주 보고 있습니까? [그런데도] 집중 과정에 대해 생각하는 것이 잘못된 것인가요? 때로는 눈에 띄는 상징적인 것이 당연하게 보이는 어떤 것보다 말해주는 효과가 크고 경계선을 덜 나타내는 경우가 있습니다. 독일 개신교의 주요 개혁 프로그램인 "자유의 교회"는 집중의 결과로 빛을 발하는 봉화와 등대의 중요성에 관해 이야기한 바 있습니다.

무엇이 교회인지에 대해 집중하고 초점을 맞추고 정화하면, 교회의 모습은 더욱 밝고 선명하게 빛날 수 있을 것입니다.

우리는 서로를 어떻게 대합니까?

결정적인 것은, 우리가 서로를 어떻게 대하는지, 서로를 어떻게 보는지, 다른 사람을 어떻게 보는지입니다. 프리드리히 니체 (Friedrich Nietzsche)는 철학자로서 우리가 인간으로서 서로를 대하는 방식을 표시하기 위해 '해석'이라는 용어를 사용합니다. 니체에게 해석은 우리가 다른 것을 우리 개념으로 가져와서 그것이 맞을 때까지 "해석해 내는" 폭력적인 과정입니다. "사실 해석은 무언가의 주인이 되기 위한 [...] 수단입니다." 해석이란 일반적으로 "강간하고, 조정하고, 단축하고, 생략하고, 채우고, 구성하고, 위조하는 [...]" 것이기 때문입니다. 니체는 한 가지 예외만을 알고 있습니다. 니체에 따르면, 예수는 타인에 대한 모든 개념과 폭력적인 해석을 거부하시기만 한 분이 아닙니다. 오직 예수의 경우에만 - 묘사된 폭력 행위와 반대되는 의미를 갖는 매우 특별한 형태의 해석이 있습니다. 니체에 따르면, 예수께서는 소자들의 삶에, "정확히 이 소자들에게 해석을 주셨습니다 [...]", "이로 인해 가장 높은 가치가 그들을 둘러싸고 있는 것처럼 보이므로 이제 그것은 그것을 위해 싸우다가 경우에 따라서는 자신의 생명을 버리는 선[좋은 것]이 됩니다." 이것은 또한 사람들이 "내재 된" "가치"를 보기 위한 해석이기도 합니다. 니체에 따르면, 이러한 이해가 예수의 "천재성"을 구성합니다.

우리는 이미 승리했습니다. 우리는 목표로부터 생각하고 살아갑니다!

요한의 첫째 편지는 거의 승리에 가까운 소리로 우리 귀에 들려옵니다. "세상을 이긴 승리는 이것이니 우리의 믿음이니라!"(요일 5:24). 우리는 결국에 자신을 관철할 자, 마지막에 승리할 자의 편에 서 있습니다.

그리고 그분께서는 단지 말로만 하시는 것이 아니라, 그분이 하실 수 있는 것과 그것을 하실 수 있다는 것을 이미 보여주셨습니다. 그것은 바로 새로운 세계, 새로운 삶, 그분의 평화와 정의를 세우는 것입니다. 바로 이를 위하여 그의 행하심, 부활한 이들 중의 첫 열매이신 그의 선취가 예수에게 있는 것입니다.

물론 많은 일이 일어날 수 있고 일어날 것입니다. 물론, 그 자체로 역사적이 되어버린 특정 교회 형식의 존재에 대한 보장은 없습니다. 그러나 우리는 여전히 확신할 수 있습니다. 교회는 망하지 않을 것입니다. 예수님의 사역은 그분이 마지막에 오실 때까지 계속될 것입니다.

교회와 기독교인에게 이것은 다음을 의미합니다. 우리는 잃을 수 없습니다. 우리는 무엇인가를 할 수 있으며 심지어 위험을 감수할 수도 있습니다. 왜냐하면 우리는 승리할 수만 있다는 것을 알고 있기 때문입니다. 우리는 승리할 것입니다. 신학적으로 정확합니다. 하나님 자신이 평화의 통치를 관철하실 것입니다. 교회와 그리스도인으로서 우리는 다음과 같은 희망을 품을 수 있습니다. 우리는 이 세상의 궁극적으로 좋은 결과를 향해 나아가고 있습니다. 정의롭고 자비로우신 하나님, 본질에서 사랑이신 하나님의 거룩하심은 생명에 적대적이고 생명을 위협하고 제한하고 파괴하는 모든 것을 존속하지 못하게 하시고 멸하시며, 하나님의 최종 계시를 향해 나아가고 있습니다. 이제 종말론의 사무실을 다시 열 시간입니다!

몰래 눈을 닦게 만드는 헐리우드식 해피엔딩을 말하는 게 아닙니다. 나는 교회와 그리스도인들이 이 세상을 위한 하나님의 승리를 기대하고, 이 희망이 그들을 감당할 수 있게 만든다는 사실에 관해 이야기하고 있습니다. 그리고 그것은 정치와 사회의 책임자들이 우리에게 기대하는 것이 아니겠습니까? 우리

스스로 그러한 관점으로부터 지지를 받는, 그것을 감당할 수 있고, 함께 짐을 질 수 있는 희망의 담지자입니다.